BAKER'S*

Le Chocolat
À SON
MEILLEUR

BRIMAR

© 1995 Les Éditions Brimar inc.
338, rue Saint-Antoine Est
Montréal, Québec, Canada H2Y 1A3
Tél. (514) 954-1441
Fax (514) 954-5086

Photographies: Nathalie Dumouchel
Préparation des recettes/styliste: Josée Robitaille
Assistant styliste: Louis Hudon
Conception graphique: Zapp
La vaisselle est une courtoisie de: Arthur Quentin
　　　　　　　　　　　　　　　　　　　Stokes
　　　　　　　　　　　　　　　　　　　Pier 1 Imports
　　　　　　　　　　　　　　　　　　　Les carreaux Ramca Ltd.

Photo de la page couverture:
Gâteau des grandes occasions *(voir recette, page 95)*

Données de catalogage avant publication (Canada)
Vedette principale au titre:
Baker's: le chocolat à son meilleur

Publié aussi en anglais sous le titre:
Baker's Best chocolate cookbook.
Comprend un index.
ISBN 2-89433-184-3

1. Cuisine (Chocolat) 1. Titre: Le chocolat à son meilleur.

TX767.C5B3514 1995 641.6'374 C95-900318-5

Imprimé au Canada

BAKER'S*
Chocolat LE
À SON
MEILLEUR

Ah!... le chocolat! Ce seul mot évoque un monde de délices et de doux péchés de gourmandise : les brownies de maman servis avec un bon verre de lait bien froid après l'école, le magnifique gâteau d'anniversaire décoré de bougies de toutes les couleurs, les après-midi d'été passés à déguster les biscuits de grand-maman sur la galerie, la délicieuse sauce qui nappe généreusement votre crème glacée préférée ou l'irrésistible gâteau au fromage qui fond dans la bouche...

Le chocolat BAKER'S a toujours fait partie de ces délicieux souvenirs. Depuis plus de deux cents ans, nous fabriquons du chocolat pur, fin et riche, qui permet de faire des desserts inoubliables. Aujourd'hui, dans l'esprit de la tradition des plus fins produits à base de chocolat, les économistes familiales des cuisines BAKER'S sont fières de vous présenter 125 de leurs meilleurs desserts au chocolat. Ces recettes sauront satisfaire les appétits les plus insatiables, car elles rassemblent tous ces délices qui meublent votre mémoire, des recettes classiques européennes à celles que votre famille préfère. De plus, nous avons ajouté des créations alléchantes préparées avec l'ingrédient le plus en vogue, le CHOCOLAT.

Ce livre réunit les recettes les plus en demande sur le marché. En fait, leur choix découle de lettres que nous avons reçues et de conversations téléphoniques que nous avons eues sur notre ligne 1-800 avec des milliers de consommateurs et consommatrices. Nous pouvons donc affirmer, sans exagération, que chacune de ces personnes a joué un rôle important dans la planification de ce livre de recettes. C'est avec joie que nous partageons avec vous plusieurs des «trucs du métier» que nous avons découverts au fil des ans. Ils sauront sûrement rehausser votre plaisir de cuisiner et vous assureront un succès à tout coup.

Chacune des recettes de ce livre a été testée à trois reprises dans nos cuisines BAKER'S afin d'en garantir aussi bien la réussite que le goût et l'apparence. Dans certains cas, vous trouverez des photos des différentes étapes d'une préparation qui ont pour but de vous aider à mieux maîtriser les techniques.

Vous verrez le signe _très facile_ devant certaines recettes. Celles-ci sont faciles à réaliser et demandent peu d'équipement et peu de temps ou d'expérience. Elles sont parfaites pour les débutants, pour les enfants ou pour ceux qui ont peu de temps.

Nous espérons que ce livre vous apportera beaucoup de satisfaction et vous incitera à préparer avec plaisir, tant pour votre famille que pour vos amis, de délicieux desserts au chocolat BAKER'S.

LES CUISINES BAKER'S

TABLE DES MATIÈRES

RÉTROSPECTIVE :
l'histoire du chocolat BAKER'S

L'histoire du chocolat remonte à la découverte du Nouveau Monde. Parmi les trésors que Christophe Colomb rapporte au roi Ferdinand se trouvent des graines de cacao. Personne ne sait que faire de cet étrange produit jusqu'au jour où Cortez se rend au Mexique. À la cour de l'empereur Montezuma, il boit une infusion faite de ces graines mystérieuses. Les Aztèques les appellent «cacahuatl», ce qui veut dire «cadeau des dieux». Cortez rapporte le chocolat en Espagne et la boisson fait rapidement la conquête de toute l'Europe. Bientôt, des chocolateries ouvrent leurs portes un peu partout et les gens fortunés s'y réunissent pour bavarder tout en sirotant cette délicieuse boisson chaude.

LA ROMANCE DE
« LA BELLE CHOCOLATIÈRE »

Babette Baldauf, la jeune fille dont la silhouette décore chaque carré de chocolat BAKER'S, travaillait dans une chocolaterie, à Vienne. Voici son histoire.

Un jour de 1760, le jeune prince Dietrichstein et ses quatre chevaux lippizans s'arrêtent devant la chocolaterie où travaille Babette. Le prince s'assoit à une table et commande une tasse de chocolat. Alors qu'il savoure sa boisson, il ne quitte pas Babette des yeux. Tous les après-midi, le prince revient à la chocolaterie pour déguster une tasse de chocolat, jusqu'à ce qu'il demande à Babette si elle acceptait de lui préparer son chocolat pour le reste de ses jours.

Comme cadeau de fiançailles, le prince commande à un peintre suisse, Jean-Étienne Liotard, le portrait de Babette en uniforme de chocolatière, telle qu'il l'a vue la première fois. L'artiste donne à la toile le nom de «La Belle Chocolatière».

Deux générations plus tard, Walter Baker découvre le tableau de «La Belle Chocolatière» au musée de Dresde. Dès qu'il entend l'histoire romantique de Babette et du jeune prince, il adopte le portrait comme marque de commerce de l'entreprise fondée par son grand-père en 1780.

Aujourd'hui, «La Belle Chocolatière» paraît sur chaque carré de chocolat BAKER'S. Elle rappelle les critères d'excellence que la compagnie s'applique à promouvoir depuis 1780, dans la fabrication du chocolat de qualité BAKER'S pur à 100 %.

LA FABRICATION DU CHOCOLAT

Chaque année, BAKER'S recherche les meilleures graines de cacao et mélange avec soin plusieurs variétés pour obtenir le fameux chocolat riche, tant apprécié des amateurs. Après avoir été torréfiées à une température élevée pour en faire ressortir la saveur du chocolat, les graines de cacao sont écalées et les amandes sont broyées en une pâte épaisse appelée liqueur de chocolat. C'est cette liqueur qui contient le chocolat solide et le beurre de cacao si riche et si crémeux.

Tous les produits de chocolat fin de la famille BAKER'S sont fabriqués à partir de liqueur pure de chocolat. BAKER'S offre une variété de produits pouvant être utilisés dans la préparation de vos pâtisseries et de vos desserts préférés.

Le chocolat non sucré BAKER'S est fabriqué à partir de liqueur de chocolat pure; rien d'autre n'y est ajouté.

◆

Le chocolat mi-sucré BAKER'S est fabriqué à partir de liqueur de chocolat à laquelle sont ajoutés du beurre de cacao et du sucre.

◆

Le chocolat mi-amer BAKER'S est fabriqué à partir de liqueur de chocolat à laquelle sont ajoutés du beurre de cacao et du sucre. Son contenu élevé en liqueur de chocolat lui donne une saveur européenne plus prononcée et une couleur plus foncée que le chocolat mi-sucré.

◆

Le chocolat sucré BAKER'S, riche et crémeux, offre une saveur de chocolat plus douce et contient plus de beurre de cacao et de sucre. Encore aujourd'hui, il est préparé selon la même recette qu'en 1852, l'année où il a été créé.

◆

Le chocolat blanc BAKER'S est fabriqué à partir de beurre de cacao, de lait et de sucre, sans poudre de cacao, ce qui lui donne sa couleur blanc crémeux et une saveur douce et sucrée.

◆

Les grains de chocolat BAKER'S et les différentes sortes de chocolat (mi-sucré, blanc, au lait et caramel écossais) ont été spécialement élaborés afin qu'ils puissent garder leur forme même durant la cuisson au four, aussi bien dans les biscuits que dans les barres et les muffins.

Souvenez-vous de ne jamais remplacer une sorte de chocolat par une autre dans les recettes, car le goût en sera modifié et le résultat final risquerait de vous décevoir. Pour obtenir de meilleurs résultats, ne remplacez pas les grains de chocolat par des carrés de chocolat BAKER'S. Les carrés de chocolat BAKER'S ont été spécialement élaborés à partir d'ingrédients de qualité pour fondre plus facilement que les grains de chocolat et avoir une consistance plus lisse une fois qu'ils sont fondus.

CUISINER AVEC LE CHOCOLAT
LES TRUCS DU MÉTIER

La conservation du chocolat

Le chocolat se conserve dans un endroit frais à moins de 75° F (24° C) de préférence. Il prend une teinte grisâtre s'il est exposé pendant un certain temps à une température élevée. Cela signifie simplement que le beurre de cacao a remonté à la surface. Ce changement de couleur, qui n'altère ni la saveur ni la qualité, disparaîtra une fois le chocolat fondu.

La fonte du chocolat

Le chocolat doit être traité avec soin; il faut le faire fondre très doucement, sinon il roussira ou brûlera. N'oubliez pas que le chocolat fond rapidement dans la main; il n'a donc pas besoin de beaucoup de chaleur.

Les Cuisines BAKER'S recommandent deux façons de faire fondre les carrés de chocolat BAKER'S pour la pâtisserie (gâteaux, brownies, etc.) : **la méthode à l'eau très chaude et la méthode au micro-ondes.**

La méthode à l'eau très chaude: méthode infaillible demandant peu d'équipement. Pour faire fondre le chocolat, coupez chacun des carrés en 8. Mettez les morceaux dans un petit bol posé sur un récipient d'eau **très chaude** du robinet. Remuez jusqu'à ce que le chocolat soit fondu. Changez l'eau au besoin afin d'en maintenir la température si vous faites fondre plusieurs carrés. L'eau du robinet devrait normalement être assez chaude.

La méthode au micro-ondes: pour faire fondre le chocolat au micro-ondes, coupez chacun des carrés en plusieurs morceaux et placez-les dans un bol allant au micro-ondes. Faites fondre à intensité MOYENNE de 2 à 3 minutes pour deux carrés, en remuant une fois. Ajustez le temps selon le nombre de carrés. Attention! La puissance des fours à micro-ondes varie d'un modèle à l'autre. Ne faites pas trop chauffer.

Remarque: ne laissez pas d'eau tomber dans le chocolat – une seule goutte suffit pour le saisir, le rendant dur et inutilisable. Si cela se produit, ajoutez 1 c. à thé (5 mL) d'huile végétale ou de shortening par carré de chocolat. N'utilisez pas de beurre ni de margarine car ils contiennent de l'eau. Certaines recettes demandent de faire fondre le chocolat avec un liquide. Faites attention aux proportions: s'il y a beaucoup de liquide, le chocolat ne durcira pas. Par contre, s'il n'y en a pas assez, il risque de se solidifier.

Technique de la fonte partielle (pour glacer, enrober, napper, façonner, découper, faire des feuilles ou d'autres formes décoratives)

La fonte partielle est la technique utilisée pour TOUTES LES RECETTES OÙ LE CHOCOLAT DOIT ÊTRE FONDU, PUIS SOLIDIFIÉ DE NOUVEAU, c'est-à-dire pour enrober des fruits, des truffes et des confiseries, des décorations au chocolat ou des feuilles. Cette technique a été spécialement mise au point par les Cuisines BAKER'S **afin que le chocolat reste dur à la température ambiante et qu'il conserve un fini riche, foncé et brillant.**

1. Coupez chaque carré en 8 morceaux et placez-les dans un bol posé sur un récipient d'eau **très chaude** du robinet, non bouillante. (N'utilisez pas le four à micro-ondes car le chocolat pourrait cuire.)

2. Remuez constamment jusqu'à ce que le tiers du chocolat soit non fondu.

   Remarque: les petits morceaux de chocolat solides aident à stabiliser le chocolat fondu et le maintiennent ferme et brillant jusqu'au moment de le servir.

3. Retirez le bol de l'eau et remuez jusqu'à ce que le chocolat soit entièrement lisse. Soyez patient! Le chocolat devrait fondre complètement et il devrait être tiède, c'est-à-dire aux alentours de 87° F (30° C).

Utilisez toujours le chocolat *partiellement fondu* quand il est encore tiède. Si vous l'utilisez pour y tremper des truffes ou des fruits, placez-le sur une casserole remplie d'eau tiède afin de l'empêcher de refroidir trop vite. Pour faire prendre le chocolat rapidement, réfrigérez-le (ne le congelez surtout pas). S'il refroidit trop lentement, sa surface risque d'être striée.

Le meilleur endroit pour cuisiner avec le chocolat *partiellement fondu* est une pièce fraîche et la température idéale est de 60° F (16° C). À cette température, le chocolat prend rapidement sans réfrigération. Si la température de la pièce est plus élevée, vous devrez réfrigérer le chocolat pour le faire prendre.

LES TECHNIQUES DE GARNITURE

Avec le chocolat BAKER'S, on prépare des desserts non seulement riches et délicieux mais aussi agréables à l'œil. D'un simple carré de chocolat BAKER'S peuvent naître des feuilles en chocolat, des initiales, des dessins ou des copeaux.

Laissez-vous aller au gré de la fantaisie. Donnez libre cours à votre esprit créateur – c'est tellement facile et les résultats sont tellement encourageants!

Pour faire des copeaux de chocolat

Réchauffez légèrement le chocolat afin que sa texture soit suffisamment malléable :

- en le plaçant au micro-ondes au cycle de décongélation et en calculant environ 1 minute par carré ou
- en tenant le carré de chocolat enveloppé dans la paume de la main jusqu'à ce qu'il ramollisse un peu.

Quand le carré de chocolat est légèrement ramolli et suffisamment malléable, passez avec soin un couteau-éplucheur sur ses surfaces lisses : le fond pour des longs copeaux, les côtés pour des courts. Utilisez un cure-dents pour manier les copeaux sans les briser. Saupoudrez-les de sucre à glacer pour donner un effet intéressant. Profitez-en aussi pour faire des copeaux supplémentaires que vous garderez au réfrigérateur pour une utilisation ultérieure. Par exemple :

- décorer un gâteau ;
- parsemer sur un gâteau au fromage ;
- agrémenter la crème glacée ;
- donner un air alléchant à un dessert.

Pour râper le chocolat

Utilisez une râpe aux aspérités plus ou moins grosses selon vos besoins. Avant de râper le chocolat, réchauffez-le légèrement selon la méthode utilisée pour les copeaux de chocolat. Râpez le chocolat sur une feuille de papier ciré. Vous pouvez aussi en profiter pour en râper un peu plus pour :

- incorporer à une pâte à gâteau afin d'obtenir un effet moucheté et une délicate saveur de chocolat ;
- décorer des biscuits glacés ;
- garnir un gâteau glacé ;
- enrober des bonbons ;
- décorer une mousse au chocolat.

Pour napper

Faites fondre partiellement le chocolat auquel vous aurez ajouté 1 c. à thé (5 mL) d'huile végétale dans un bol placé sur un récipient d'eau très chaude. L'huile rend le chocolat moins dur quand il prend, donc plus facile à couper. Retirez le bol de la source de chaleur et continuez à remuer jusqu'à ce que le chocolat soit complètement fondu. Pour napper, utilisez une petite cuillère ou la technique du sac en plastique. (Versez une petite quantité de chocolat dans un petit sac en plastique, percez un des coins du fond avec un cure-dents et appuyez pour faire sortir le chocolat.) Pour obtenir un effet de plumes, formez des lignes en relief à intervalles réguliers, puis passez un couteau sur les lignes, à angle droit. Réfrigérez ensuite pour faire prendre le chocolat.

Pour glacer

Pour obtenir une glace au chocolat pur, *faites fondre partiellement* le chocolat dans un bol placé sur un récipient d'eau très chaude. Retirez le bol de la source de chaleur et continuez à remuer jusqu'à ce que le chocolat soit complètement fondu. Étalez-le immédiatement sur le dessert. Tapez doucement le fond du moule sur le comptoir pour répartir uniformément la garniture ou tracez des zigzags à l'aide d'un couteau pour créer un motif original sur des brownies, des carrés, un gâteau. Réfrigérez ensuite pour faire prendre le chocolat.

Pour faire des dessins

Faites fondre partiellement le chocolat dans un bol placé sur un récipient d'eau très chaude. Retirez le bol de la source de chaleur et continuez à remuer jusqu'à ce que le chocolat soit complètement fondu.

Fabriquez une poche à douille avec du papier ciré, ou prenez un petit sac de plastique et pratiquez une toute petite ouverture dans un des coins du fond. Remplissez la poche à douille de chocolat fondu et dessinez les formes voulues sur une feuille de papier ciré. Vous pouvez suivre un modèle que vous aurez créé, glissé sous le papier ciré, ou travailler à main levée. Remplissez les formes avec du chocolat ou tracez-en seulement les contours. Réfrigérez. Retirez soigneusement le chocolat du papier ciré et réfrigérez.

Pour faire des découpes

Faites fondre partiellement le chocolat dans un bol placé sur un récipient d'eau très chaude. Retirez le bol de la source de chaleur et continuez à remuer jusqu'à ce que le chocolat soit complètement fondu. Versez dans une plaque à biscuits recouverte de papier ciré. Couvrez d'une autre feuille de papier ciré et abaissez à 1/8 po (3 mm) d'épaisseur avec un rouleau à pâtisserie. Réfrigérez pour faire prendre, environ 5 minutes. Retirez la feuille de papier ciré en surface et découpez des formes avec un emporte-pièce. Gardez les restes pour les faire fondre et les utiliser à d'autres fins. Si le chocolat est trop cassant, laissez-le quelques minutes à température ambiante. Gardez les décorations au réfrigérateur jusqu'au moment de les utiliser.

Pour fabriquer des feuilles

Faites fondre partiellement le chocolat dans un bol placé sur un récipient d'eau très chaude. Retirez le bol de la source de chaleur et continuez à remuer jusqu'à ce que le chocolat soit complètement fondu. Choisissez des feuilles fraîches lisses et bien nervurées et, à l'aide d'un petit pinceau, d'une petite spatule en métal ou d'une petite cuillère, nappez-en le dessous d'une couche de chocolat fondu d'une épaisseur d'environ $\frac{1}{16}$ po (2 mm). N'utilisez pas de feuilles toxiques comme celles du philodendron, du poinsettia, etc., ni des feuilles qui ont des poils comme celles des violettes. Par contre, des feuilles de rose, d'érable ou même de chou donneront des résultats intéressants! Faites bien attention à ne pas mettre de chocolat sur le dessus de la feuille, car lorsqu'il aura durci vous aurez de la difficulté à enlever la feuille.

Posez la feuille, le chocolat vers le haut, sur une plaque à biscuits recouverte de papier ciré. Pour obtenir des feuilles courbées, placez les feuilles nappées de chocolat, le chocolat vers le haut, dans un tube de rouleau de papier essuie-tout coupé en deux dans le sens de la longueur. Réfrigérez jusqu'à ce que le chocolat soit pris, soit environ 15 minutes. Soulevez la feuille fraîche par la tige pour dégager la feuille en chocolat. Gardez au réfrigérateur jusqu'au moment de les utiliser.

Pour enrober de chocolat

Faites fondre partiellement le chocolat dans un bol placé sur un récipient d'eau très chaude. Retirez le bol de la source de chaleur et continuez à remuer jusqu'à ce que le chocolat soit complètement fondu. Ensuite, pour garder le chocolat à la bonne température, placez-le sur un autre bol rempli d'eau tiède, soit à environ 88° F (30° C). Travaillez rapidement pour maintenir le chocolat à une température tiède et constante; remuez le chocolat durant le trempage pour garder une température constante et assurer un enrobage riche et brillant. Pour obtenir de bons résultats avec cette technique, deux facteurs sont des plus importants: la sorte de chocolat utilisé et le maintien de la bonne température. Travaillez dans un endroit frais; réfrigérez rapidement les chocolats trempés.

Pour enrober des fruits, lavez-les et laissez-les sécher sur du papier essuie-tout. Plongez ensuite la moitié des fruits dans le chocolat fondu. Déposez sur une plaque à biscuits recouverte d'une feuille de papier ciré. Réfrigérez jusqu'à ce que le chocolat soit pris. Gardez au réfrigérateur.

Pour enrober des fruits confits et des noix, tenez-les du bout des doigts et trempez-les dans le chocolat fondu pour un enrobage partiel, sinon plongez-les complètement dans le chocolat fondu puis sortez-les à l'aide d'une fourchette à tremper. Déposez sur une feuille de papier ciré. Réfrigérez jusqu'à ce que le chocolat soit pris. Gardez au réfrigérateur.

Pour enrober des fourrés, assurez-vous que ces derniers soient à la température de la pièce avant de les plonger dans le chocolat fondu, sinon le chocolat refroidira trop vite. À l'aide d'une fourchette à longs fourchons, plongez les fourrés un à un dans le chocolat fondu et retournez-les pour les enrober complètement. Sortez-les avec la fourchette et enlevez l'excédent de chocolat en les passant sur le bord du bol. Déposez sur une plaque à biscuits recouverte de papier ciré. Réfrigérez jusqu'à ce que le chocolat soit pris. Gardez au réfrigérateur.

LES QUESTIONS LES PLUS FRÉQUENTES
POSÉES AUX CUISINES BAKER'S

1. *Dans une recette, lorsqu'il est question d'une once de chocolat ou d'un carré de chocolat, s'agit-il d'un carré enveloppé ou de la moitié d'un carré?*

   Une once de chocolat ou un carré de chocolat correspond à un carré entier enveloppé individuellement.

   ◆

2. *Peut-on remplacer le chocolat mi-sucré BAKER'S par du chocolat non sucré BAKER'S et vice versa?*

   Non. Ne remplacez jamais une sorte de chocolat par une autre dans une recette, car le goût en sera modifié et le produit final risquerait de vous décevoir.

   ◆

3. *Peut-on remplacer les grains de chocolat mi-sucré BAKER'S par des carrés de chocolat mi-sucré?*

   Non. Les grains de chocolat sont spécialement élaborés pour garder leur forme pendant la cuisson au four. Une fois fondus, ils prennent une texture très épaisse qui ne peut remplacer celle des carrés de chocolat fondu.

   ◆

4. *Qu'est-ce que le chocolat sucré BAKER'S GERMAN'S et où peut-on l'acheter?*

   Le chocolat sucré BAKER'S GERMAN'S ne se trouve qu'aux États-Unis, mais dans toutes les recettes, il peut être remplacé par le chocolat sucré BAKER'S vendu au Canada, car il s'agit du même produit.

   Le chocolat sucré BAKER'S canadien est vendu en emballage de 225 g (8 oz) tandis que le chocolat sucré BAKER'S GERMAN'S vendu aux États-Unis vient en emballage de 4 oz. Il est important de tenir compte de cette distinction quand on fait des substitutions, car certaines recettes se confectionnent avec un demi-emballage de chocolat.

   ◆

5. *Certaines recettes demandent des noix grillées. Comment fait-on griller les noix?*

   Pour faire griller des noix, étalez-les en une seule couche sur une plaque à biscuits. Faites-les griller au four à 350° F (180° C) pendant 10 minutes s'il s'agit de pacanes et de noix de Grenoble et 20 minutes s'il s'agit d'amandes entières. Laissez refroidir sur une grille. Conservez au réfrigérateur jusqu'au moment de les utiliser.

   ◆

6. *Peut-on remplacer le chocolat BAKER'S par du chocolat acheté en vrac?*

   Le chocolat acheté en vrac est rarement pur. Il contient souvent des graisses et des huiles végétales. Il coûte généralement moins cher, mais il donne une saveur de chocolat beaucoup moins prononcée que le chocolat BAKER'S. Donc, si vous optez pour cette sorte de chocolat, vous n'obtiendrez pas les mêmes résultats qu'avec le chocolat BAKER'S.

Douceurs pour les enfants

ARAIGNÉES EN CHOCOLAT

Une araignée en chocolat ... quelle collation au retour de l'école!

6	carrés de chocolat mi-sucré BAKER'S, hachés	6
1 tasse	de grains de caramel écossais BAKER'S	250 mL
2 tasses	de nouilles frites à la chinoise	500 mL
1 tasse	d'arachides salées	250 mL
1 tasse	de minis guimauves KRAFT	250 mL

◆ Faire fondre le chocolat et les grains de caramel écossais dans un bol placé sur un récipient d'eau très chaude ou au micro-ondes à intensité MOYENNE, de 3 à 4 minutes.

◆ Ajouter les nouilles, les arachides et les guimauves et remuer pour bien les enrober du mélange au chocolat.

◆ Déposer par cuillerées à thé sur une plaque à biscuits recouverte de papier ciré. Faire prendre au réfrigérateur. Conserver dans un contenant hermétique au réfrigérateur.

Préparation: 15 minutes plus la réfrigération
Donne environ 3 douzaines d'araignées.

Note: Pour faire les yeux, décorer chaque araignée de deux petits bonbons ronds avant la réfrigération.

CROQUANTS AU CHOCOLAT

Une collation idéale à glisser dans la boîte à lunch des enfants!

1 paquet (300 g)	de grains de chocolat mi-sucré BAKER'S	1 (300 g)
2 tasses	de noix (arachides, noix de cajou, amandes)	500 mL
2 tasses	de raisins secs	500 mL

◆ Bien mélanger tous les ingrédients. Conserver dans un contenant hermétique.

Préparation: 5 minutes
Donne 6 tasses (1,5 L).

OVNIS GLACÉS

Meilleurs que des sandwichs à la crème glacée...
et tellement plus amusant!

4	carrés de chocolat mi-sucré BAKER'S, hachés	4	
¼ tasse	d'eau	50 mL	
1	sachet de garniture à desserts DREAM WHIP, préparée	1	
32	biscuits aux grains de chocolat faits avec du gruau (voir page 47)	32	

◆ Faire fondre le chocolat dans l'eau à feu doux ou au micro-ondes à intensité MOYENNE, de 2 à 4 minutes. Remuer jusqu'à ce que le chocolat soit complètement fondu et d'une texture lisse. Laisser refroidir.

◆ Incorporer délicatement la garniture à desserts au mélange au chocolat.

◆ Garnir le dos de 16 biscuits d'une bonne cuillerée de garniture au chocolat. Recouvrir des biscuits qui restent pour former des sandwichs.

◆ Congeler les biscuits garnis jusqu'à ce qu'ils soient fermes, environ 3 heures.

Préparation: 15 minutes plus la congélation
Donne 16 ovnis.

Note: Ces biscuits se conservent jusqu'à 3 mois au congélateur.

Météorites en chocolat

Tout simplement parfaits pour une soirée de cinéma !

12 tasses	de maïs éclaté	3 L
1 tasse	d'arachides non salées	250 mL
1 tasse	de sucre	250 mL
⅔ tasse	de sirop de maïs	150 mL
2 c. à soupe	de beurre ou de margarine	30 mL
6	carrés de chocolat mi-sucré BAKER'S	6

◆ Préchauffer le four à 250 °F (120 °C).

◆ Mélanger le maïs éclaté et les arachides dans une grande lèchefrite.

◆ Dans une casserole à fond épais de 2 litres, à feu modéré, porter à ébullition le sucre, le sirop de maïs et le beurre, en remuant sans arrêt.

◆ Incorporer le chocolat. Faire cuire 5 minutes sans cesser de remuer ou jusqu'à ce que le chocolat soit complètement fondu et que le mélange soit très épais. Retirer du feu. Verser sur le maïs éclaté; remuer pour bien enrober.

◆ Faire cuire au four 1 heure, en remuant de temps en temps. Déposer le mélange en une seule couche sur des plaques à biscuits ou sur du papier d'aluminium; laisser refroidir. Conserver dans des contenants hermétiques.

Préparation : 15 minutes
Cuisson : 1 heure
Donne environ 12 tasses (3 L).

Bananes glacées

Attention : elles disparaîtront vite du congélateur !

6	bananes mûres, de taille moyenne	6
6	carrés de chocolat mi-sucré BAKER'S, hachés	6
⅓ tasse	de beurre ou de margarine	75 mL
¼ tasse	d'eau chaude	50 mL
	Noix hachées fin ou noix de coco grillée (facultatif)	

◆ Couper les bananes en deux dans le sens de la largeur. Glisser un bâtonnet de bois dans le bout coupé de chaque demi-banane et congeler jusqu'à ce que les demi-bananes soient fermes, environ 3 heures.

◆ Faire fondre le chocolat et le beurre dans un bol placé sur un récipient d'eau très chaude. Incorporer ¼ tasse (50 mL) d'eau chaude. Verser le mélange au chocolat dans un verre haut et étroit.

◆ Tremper les bananes congelées dans le mélange au chocolat de façon à les en enrober uniformément. Rouler immédiatement dans les noix hachées fin ou la noix de coco grillée, si désiré. Déposer sur une plaque à biscuits recouverte de papier ciré. Servir immédiatement ou couvrir et conserver au congélateur.

Préparation : 15 minutes plus la congélation
Donne 12 bananes glacées.

BISCUITS AU BEURRE D'ARACHIDE ET AU GRUAU

Servis avec un bon verre de lait froid, ils feront la joie des enfants!

1½ tasse	de beurre d'arachide croquant ou crémeux KRAFT	375 mL
½ tasse	de beurre ou de margarine, ramolli	125 mL
¾ tasse	de sucre	175 mL
⅔ tasse	de cassonade tassée	150 mL
2	œufs	2
1½ c. à thé	de vanille	7 mL
1 tasse	de gruau à cuisson rapide	250 mL
¾ tasse	de farine tout usage	175 mL
½ c. à thé	de bicarbonate de soude	2 mL
8	carrés de chocolat mi-sucré BAKER'S, chacun coupé en 8 morceaux	8

◆ Préchauffer le four à 350 °F (180 °C).

◆ Au batteur électrique, réduire en crème le beurre d'arachide et le beurre. Ajouter graduellement, en battant, le sucre et la cassonade. Incorporer les œufs et la vanille.

◆ Mélanger le gruau avec la farine et le bicarbonate de soude. Ajouter au mélange crémeux en remuant juste assez pour incorporer. Incorporer les morceaux de chocolat. Déposer par cuillerées à soupe sur des plaques à biscuits non graissées.

◆ Faire cuire au four de 10 à 12 minutes, ou jusqu'à ce que l'intérieur des biscuits soit encore mou au toucher. Laisser refroidir 3 minutes; retirer des plaques, déposer sur des grilles et laisser refroidir.

Préparation: 15 minutes
Cuisson: 12 minutes
Donne environ 3½ douzaines de biscuits.

BISCUITS AU BEURRE D'ARACHIDE ET AU CHOCOLAT

¾ tasse	de cassonade tassée	175 mL
½ tasse	de beurre ou de margarine, ramolli	125 mL
⅓ tasse	de beurre d'arachide croquant ou crémeux KRAFT	75 mL
¼ tasse	de sucre	50 mL
1 c. à thé	de vanille	5 mL
1	œuf	1
¾ tasse	de farine tout usage	175 mL
½ c. à thé	de bicarbonate de soude	2 mL
¼ c. à thé	de sel	1 mL
1 tasse	de grains de chocolat mi-sucré miniatures BAKER'S	250 mL

◆ Préchauffer le four à 375 °F (190 °C).

◆ Au batteur électrique, à vitesse lente, bien mélanger la cassonade, le beurre, le beurre d'arachide, le sucre, la vanille et l'œuf.

◆ Incorporer la farine, le bicarbonate de soude et le sel. Ajouter les grains de chocolat et mélanger.

◆ Déposer par bonnes cuillerées à soupe sur des plaques à biscuits non graissées.

◆ Faire cuire au four de 8 à 10 minutes ou jusqu'à ce que le tour des biscuits soit doré et que le centre ne semble pas tout à fait cuit. Retirer des plaques, déposer sur une grille et laisser refroidir.

Préparation: 15 minutes
Cuisson: 10 minutes
Donne environ 20 gros biscuits.

Biscuits au beurre d'arachide et au chocolat

Biscuits au beurre d'arachide et au gruau

BISCUITS AU GRUAU AMUSANTS

*Cette recette amusera les enfants pendant des heures
et les parents seront surpris de ces petits chefs-d'œuvre.*

Biscuits

2⅓ tasses	de gruau à cuisson rapide	575 mL
1½ tasse	de farine tout usage	375 mL
2 c. à thé	de bicarbonate de soude	10 mL
1 c. à thé	de sel	5 mL
1 tasse	de beurre ou de margarine	250 mL
1½ tasse	de cassonade tassée	375 mL
2	œufs	2
1 c. à thé	de vanille	5 mL
1½ tasse	de grains de chocolat mi-sucré miniatures BAKER'S	375 mL
1 tasse	de noix hachées	250 mL

Garniture

3	carrés de chocolat non sucré BAKER'S, fondus	3
2 c. à soupe	de beurre ou de margarine	30 mL
2¼ tasses	de sucre à glacer tamisé	550 mL
⅓ tasse	de lait	75 mL
	Bonbons : gelées glacées, réglisse, bonbons haricots, etc.	

Biscuits :

◆ Préchauffer le four à 350 °F (180 °C).

◆ Bien mélanger le gruau avec la farine, le bicarbonate de soude et le sel.

◆ Battre en crème le beurre, la cassonade, les œufs et la vanille. Ajouter les ingrédients secs ; bien remuer. Incorporer les grains de chocolat et les noix.

◆ Déposer la pâte par bonnes cuillerées à soupe sur des plaques à biscuits légèrement graissées. Aplatir avec les doigts pour former des galettes de 3½ po (9 cm) de diamètre.

◆ Faire cuire au four de 10 à 15 minutes, ou jusqu'à ce les biscuits soient dorés.

◆ Laisser refroidir dans les plaques à biscuits 5 minutes, puis déposer sur une grille et laisser refroidir complètement.

Garniture :

◆ Battre ensemble les 4 premiers ingrédients pour obtenir un glaçage au chocolat lisse qui s'étale bien.

◆ Glacer les biscuits et créer des figures en utilisant vos bonbons préférés.

*Préparation : 30 minutes
Cuisson : 15 minutes
Donne environ 25 biscuits.*

1

Bien mélanger le gruau avec la farine, le bicarbonate de soude et le sel.

2

Battre en crème le beurre, la cassonade, les œufs et la vanille.

3

Ajouter les ingrédients secs ; bien remuer.

4

Incorporer les grains de
chocolat et les noix.

5

Déposer la pâte par bonnes
cuillerées à soupe sur des
plaques à biscuits et aplatir
avec les doigts.

6

Glacer les biscuits et décorer
avec des bonbons assortis.

BARRES FONDANTES AU CHOCOLAT

Une de nos gâteries les plus populaires.

1½ tasse	de chapelure de graham	375 mL
½ tasse	de beurre ou de margarine, fondu	125 mL
1½ tasse	de noix de coco BAKER'S ANGEL FLAKE	375 mL
1½ tasse	de noix hachées	375 mL
1 paquet (300 g)	de grains de chocolat mi-sucré BAKER'S	1 paquet (300 g)
1½ tasse	de minis guimauves KRAFT	375 mL
1 boîte (300 mL)	de lait concentré sucré	1 boîte (300 mL)
3	carrés de chocolat mi-sucré BAKER'S, fondus	3

◆ Préchauffer le four à 350 °F (180 °C).

◆ Mélanger la chapelure avec le beurre. Presser dans un moule de 13 po sur 9 po (33 cm sur 23 cm). Sur la croûte, superposer des couches uniformes de noix de coco, de noix, de grains de chocolat et de guimauves. Arroser uniformément de lait concentré.

◆ Faire cuire au four de 25 à 30 minutes ou jusqu'à ce que la surface soit dorée. Sortir du four et arroser du chocolat fondu; laisser refroidir.

Préparation : 15 minutes
Cuisson : 30 minutes
Donne 36 barres.

VARIÉTÉ DE BROWNIES

BROWNIES SIMPLES ET DÉLICIEUX

Les plus simples de tous les brownies BAKER'S.

Brownies

4	carrés de chocolat non sucré BAKER'S	4
¾ tasse	de beurre ou de margarine	175 mL
2 tasses	de sucre	500 mL
3	œufs	3
1 c. à thé	de vanille	5 mL
1 tasse	de farine tout usage	250 mL
1 tasse	de noix hachées (facultatif)	250 mL

Glaçage

2	carrés de chocolat non sucré BAKER'S	2
2 c. à soupe	de beurre	30 mL
¼ tasse	de lait	50 mL
2 tasses	de sucre à glacer, tamisé	500 mL

Brownies :

◆ Préchauffer le four à 350 °F (180 °C).

◆ Faire chauffer le chocolat et le beurre à feu doux ou au micro-ondes à HAUTE intensité, 2 minutes ou jusqu'à ce que le beurre soit fondu. Remuer jusqu'à ce que la pâte soit lisse. Incorporer le sucre. Ajouter les œufs et la vanille, et bien mélanger. Incorporer la farine et les noix. Étaler dans un moule en métal* de 13 po sur 9 po (33 cm sur 23 cm).

◆ Faire cuire au four de 35 à 40 minutes, ou jusqu'à ce qu'un cure-dents inséré au centre en ressorte presque propre. Ne pas faire trop cuire. Laisser refroidir dans le moule.

Glaçage :

◆ Faire fondre le chocolat et le beurre dans le lait ; remuer pour obtenir un mélange lisse. Ajouter le sucre à glacer ; bien mélanger. Étaler sur les brownies ; couper en carrés.

Préparation : 7 minutes
Cuisson : 40 minutes
Donne 24 brownies.

* Si vous utilisez un moule en verre, réglez la température du four à 325 °F (160 °C).

VARIANTES

Pour des brownies ayant une texture de gâteau : ajouter ½ tasse (125 mL) de lait en même temps que les œufs et la vanille. Augmenter la quantité de farine à 1½ tasse (375 mL).

Pour des brownies moelleux : utiliser 4 œufs. Faire cuire au four de 30 à 35 minutes.

Pour des brownies très épais : faire cuire au four à 325 °F (160 °C) dans un moule en métal carré de 9 po (23 cm), pendant 50 minutes.

BROWNIES ALLEMANDS

4	carrés de chocolat sucré BAKER'S	4
¼ tasse	de beurre ou de margarine	50 mL
¾ tasse	de sucre	175 mL
2	œufs, battus	2
1 c. à thé	de vanille	5 mL
½ tasse	de farine tout usage	125 mL
½ tasse	de noix hachées	125 mL
1 paquet (125 g)	de fromage à la crème de MARQUE PHILADELPHIA, ramolli	1 paquet (125 g)
¼ tasse	de sucre	50 mL
1	œuf	1
1 c. à soupe	de farine tout usage	15 mL

◆ Préchauffer le four à 350 °F (180 °C).

◆ Dans un grand bol, faire chauffer le chocolat et le beurre au micro-ondes, à HAUTE intensité, 2 minutes ou jusqu'à ce que le beurre soit fondu. Remuer jusqu'à ce que le chocolat soit complètement fondu.

◆ Ajouter ¾ tasse (175 mL) de sucre; bien mélanger. Incorporer deux œufs et la vanille. Incorporer ½ tasse (125 mL) de farine et les noix; bien mélanger. Étaler dans un moule carré de 8 po (20 cm), graissé.

◆ Dans un petit bol, battre le fromage à la crème, ¼ tasse (50 mL) de sucre, 1 œuf et 1 c. à soupe (15 mL) de farine pour obtenir un mélange lisse. Verser sur le mélange dans le moule; marbrer à l'aide d'un couteau.

◆ Faire cuire au four de 35 à 40 minutes ou jusqu'à ce qu'un cure-dents inséré au centre en ressorte presque propre. Ne pas faire trop cuire. Laisser refroidir. Couper en carrés.

Préparation : 15 minutes
Cuisson : 40 minutes
Donne 16 brownies.

LES CLASSIQUES BAKER'S

Des brownies à l'ancienne, tendres et moelleux.

2	carrés de chocolat non sucré BAKER'S	2
⅓ tasse	de beurre ou de margarine	75 mL
⅔ tasse	de farine tout usage	150 mL
½ c. à thé	de poudre à pâte	2 mL
¼ c. à thé	de sel	1 mL
2	œufs	2
1 tasse	de sucre	250 mL
1 c. à thé	de vanille	5 mL
½ tasse	de noix hachées	125 mL

◆ Préchauffer le four à 350 °F (180 °C).

◆ Faire fondre le chocolat et le beurre dans un bol posé sur un récipient d'eau très chaude ; laisser refroidir.

◆ Tamiser la farine avec la poudre à pâte et le sel.

◆ Battre les œufs. Ajouter graduellement le sucre en battant pour obtenir une consistance lisse. Incorporer le mélange au chocolat et la vanille. Ajouter les ingrédients secs et mélanger. Incorporer délicatement les noix. Étaler dans un moule carré de 8 po (20 cm), graissé et fariné.

◆ Faire cuire au four de 25 à 30 minutes ou jusqu'à ce que les brownies commencent à se détacher des parois du moule. Laisser refroidir dans le moule sur une grille.

Préparation : 20 minutes
Cuisson : 30 minutes
Donne environ 16 brownies.

VARIANTES :

Légèrement saupoudrés : saupoudrer uniformément les brownies refroidis de sucre à glacer.

Super croquants : parsemer de ½ tasse (125 mL) de noix hachées avant la cuisson.

Superbement glacés : faire fondre 1 carré de chocolat non sucré BAKER'S avec 1 c. à soupe (15 mL) de beurre et ¼ tasse (50 mL) de lait ; remuer pour obtenir un mélange lisse. Ajouter 1¼ tasse (300 mL) de sucre à glacer tamisé ; bien remuer. Étaler sur les brownies refroidis.

Rochers : parsemer les brownies encore chauds de 2 tasses (500 mL) de minis guimauves KRAFT. Placer sous le gril chaud jusqu'à ce que les guimauves soient dorées. À feu doux, faire fondre 1 carré de chocolat mi-sucré BAKER'S avec 1 c. à thé (5 mL) de beurre ; bien mélanger. À l'aide d'une petite cuillère, en arroser les guimauves au gré de votre fantaisie.

Brownies marbrés au beurre d'arachide

Le beurre d'arachide et le chocolat... un mariage idéal!

Brownies

2	carrés de chocolat non sucré BAKER'S	2
⅓ tasse	de beurre ou de margarine	75 mL
⅔ tasse	de farine tout usage	150 mL
½ c. à thé	de poudre à pâte	2 mL
¼ c. à thé	de sel	1 mL
2	œufs	2
1 tasse	de sucre	250 mL
1 c. à thé	de vanille	5 mL
½ tasse	de beurre d'arachide crémeux KRAFT	125 mL
¼ tasse	de sucre	50 mL
¼ tasse	de lait	50 mL

Glaçage

4	carrés de chocolat mi-sucré BAKER'S, hachés	4
¾ tasse	de beurre d'arachide crémeux KRAFT, divisé	175 mL

Brownies :

◆ Préchauffer le four à 350 °F (180 °C).

◆ Faire chauffer le chocolat et le beurre à feu doux ou au micro-ondes à HAUTE intensité, 1 minute ou jusqu'à ce que le beurre soit fondu. Remuer jusqu'à ce que le chocolat soit complètement fondu; laisser refroidir.

◆ Mélanger la farine avec la poudre à pâte et le sel. Réserver.

◆ Battre les œufs. Ajouter graduellement 1 tasse (250 mL) de sucre en battant pour obtenir un mélange lisse. Incorporer le mélange au chocolat refroidi et la vanille. Incorporer les ingrédients secs. Étaler dans un moule carré de 8 po (20 cm), graissé et fariné.

◆ Bien mélanger le beurre d'arachide avec ¼ tasse (50 mL) de sucre et le lait. À l'aide d'une cuillère, déposer le mélange au beurre d'arachide sur la pâte à brownies. Marbrer à l'aide d'un couteau.

◆ Faire cuire au four de 35 à 40 minutes ou jusqu'à ce que les brownies commencent à se détacher des parois du moule. Laisser refroidir dans le moule, sur une grille.

Glaçage :

◆ Faire fondre le chocolat et ½ tasse (125 mL) de beurre d'arachide KRAFT à feu doux ou au micro-ondes à intensité MOYENNE, 3 minutes. Remuer pour obtenir un mélange lisse. Étaler sur les brownies refroidis.

◆ Faire fondre le beurre d'arachide qui reste comme ci-dessus et déposer par cuillerées sur le glaçage. Marbrer à l'aide d'un couteau. Réfrigérer jusqu'à ce que le glaçage soit pris.

Préparation : 25 minutes
Cuisson : 40 minutes
Donne 16 brownies.

BROWNIES MOELLEUX AU FROMAGE À LA CRÈME

Pâte au chocolat

½ tasse	de farine tout usage	125 mL
½ c. à thé	de poudre à pâte	2 mL
¼ c. à thé	de sel	1 mL
4	carrés de chocolat mi-sucré BAKER'S	4
3 c. à soupe	de beurre ou de margarine	45 mL
2	œufs	2
¾ tasse	de sucre	175 mL
1 c. à thé	de vanille	5 mL

Pâte au fromage à la crème

1 paquet (125 g)	de fromage à la crème de MARQUE PHILADELPHIA, ramolli	1 paquet (125 g)
2 c. à soupe	de beurre ou de margarine, ramolli	30 mL
1 c. à thé	de vanille	5 mL
¼ tasse	de sucre	50 mL
1	œuf	1

Pâte au chocolat :

◆ Préchauffer le four à 350 °F (180 °C).

◆ Mélanger la farine avec la poudre à pâte et le sel.

◆ Faire fondre le chocolat et le beurre à feu doux ou au micro-ondes à intensité MOYENNE, 3 minutes.

◆ Faire mousser les œufs au batteur électrique. Ajouter graduellement le sucre et battre à vitesse moyenne jusqu'à ce que le mélange soit épais et jaune pâle, environ 5 minutes. Bien incorporer la vanille et le mélange au chocolat. Y ajouter les ingrédients secs ; bien mélanger.

Pâte au fromage à la crème :

◆ Battre le fromage à la crème avec le reste des ingrédients jusqu'à ce que le mélange soit lisse.

◆ Étaler la moitié de la pâte au chocolat dans un moule carré de 8 po (20 cm), graissé et fariné.

◆ Recouvrir de la pâte au fromage. Garnir de cuillerées de pâte au chocolat. Marbrer à l'aide d'un couteau.

◆ Faire cuire au four 35 minutes ou jusqu'à ce que les brownies se détachent des parois du moule. Laisser refroidir sur une grille.

Préparation : 30 minutes
Cuisson : 35 minutes
Donne environ 16 brownies.

BROWNIES SANS CUISSON

Le dessert idéal pour les jours de canicule.

1 tasse	de noix de Grenoble ou de pacanes, hachées	250 mL
4 tasses	de chapelure de graham	1 L
½ tasse	de sucre à glacer	125 mL
8	carrés de chocolat mi-sucré BAKER'S, hachés	8
1 tasse	de lait évaporé	250 mL
1 c. à thé	de vanille	5 mL

◆ Dans un grand bol, bien mélanger les noix avec la chapelure et le sucre à glacer.

◆ Faire fondre le chocolat dans le lait, à feu doux ; ajouter la vanille et bien mélanger.

◆ Réserver ½ tasse (125 mL) du mélange au chocolat. Bien incorporer le mélange à la chapelure au reste du mélange au chocolat.

◆ Étaler dans un moule carré de 9 po (23 cm), graissé. Couvrir uniformément du mélange au chocolat réservé. Réfrigérer.

Préparation : 15 minutes plus la réfrigération
Donne 30 brownies.

BLANCS DÉLICES

Des brownies au chocolat blanc.

¼ tasse	de beurre	50 mL
4	carrés de chocolat blanc BAKER'S, coupés en petits morceaux	4
2	œufs	2
½ tasse	de sucre	125 mL
1 c. à thé	de vanille	5 mL
¾ tasse	de farine tout usage	175 mL
1	pincée de sel	1
½ tasse	d'amandes effilées	125 mL
2	carrés de chocolat blanc BAKER'S, coupés en petits morceaux	2

◆ Préchauffer le four à 325 °F (160 °C).

◆ Recouvrir l'intérieur d'un moule carré de 8 po (20 cm) de papier d'aluminium et graisser.

◆ Faire fondre le beurre à feu doux. Retirer du feu et ajouter 4 carrés de chocolat. Remuer jusqu'à ce que le mélange soit lisse.

◆ Battre les œufs, le sucre et la vanille pour obtenir un mélange épais et jaune pâle. Incorporer le mélange au chocolat. Incorporer la farine, le sel, les amandes et le reste du chocolat. Verser dans le moule préparé.

◆ Faire cuire au four de 30 à 35 minutes, jusqu'à ce que les brownies soient dorés. Laisser refroidir. Démouler, retirer le papier d'aluminium et couper en carrés.

Préparation : 20 minutes
Cuisson : 35 minutes
Donne environ 16 carrés.

BROWNIES MISSISSIPPI

Un pur délice à découvrir !

Brownies

4	carrés de chocolat non sucré BAKER'S	4
¾ tasse	de beurre ou de margarine	175 mL
2 tasses	de sucre	500 mL
3	œufs	3
1 c. à thé	de vanille	5 mL
1 tasse	de farine tout usage	250 mL
1 tasse	de pacanes, hachées grossièrement	250 mL
1 tasse	de grains de chocolat mi-sucré BAKER'S	250 mL
3 tasses	de minis guimauves KRAFT	750 mL

Glaçage

2	carrés de chocolat non sucré BAKER'S, hachés	2
2 c. à soupe	de beurre	30 mL
¼ tasse	de lait	50 mL
2 tasses	de sucre à glacer, tamisé	500 mL

Brownies :

◆ Préchauffer le four à 350 °F (180 °C).

◆ Faire chauffer le chocolat et le beurre à feu doux ou au micro-ondes à HAUTE intensité, 2 minutes ou jusqu'à ce que le beurre soit fondu. Remuer jusqu'à ce que le chocolat soit complètement fondu. Bien incorporer le sucre. Ajouter les œufs et la vanille et remuer pour obtenir un mélange lisse. Bien incorporer la farine. Ajouter les noix et les grains de chocolat et remuer. Étaler dans un moule de 13 po sur 9 po (33 cm sur 23 cm), graissé.

◆ Faire cuire au four de 25 à 30 minutes ou jusqu'à ce que les brownies commencent à se détacher des parois du moule.

◆ Sortir du four et parsemer immédiatement de guimauves. Remettre au four et faire cuire 5 minutes de plus. Sortir du four et laisser refroidir sur une grille.

Glaçage :

◆ Faire fondre le chocolat et le beurre dans le lait, à feu doux ou au micro-ondes à HAUTE intensité, 2 minutes ; mélanger jusqu'à ce que la préparation soit lisse. Bien incorporer le sucre à glacer.

◆ Étaler le glaçage sur la couche de guimauves.

Préparation : 20 minutes
Cuisson : 35 minutes
Donne 24 brownies.

Incorporer le sucre au chocolat fondu.

Incorporer les œufs et la vanille.

Incorporer la farine.

4

Ajouter les pacanes et les grains de chocolat.

5

Parsemer les guimauves sur les brownies cuits.

6

Étaler le glaçage sur la couche de guimauves.

MINI-BROWNIES AU FROMAGE À LA CRÈME

Ces petites gâteries vous assureront un grand succès!

Mélange au fromage

1 paquet (250 g)	de fromage à la crème de MARQUE PHILADELPHIA, ramolli	1 paquet (250 g)
⅓ tasse	de sucre	75 mL
1 c. à soupe	de farine tout usage	15 mL
1	œuf	1
1 tasse	de grains de chocolat mi-sucré miniatures BAKER'S	250 mL

Brownies

8	carrés de chocolat non sucré BAKER'S	8
1½ tasse	de beurre ou de margarine	375 mL
6	œufs	6
3 tasses	de sucre	750 mL
1½ tasse	de farine tout usage	375 mL
1 tasse	de grains de chocolat mi-sucré miniatures BAKER'S	250 mL

Mélange au fromage :

◆ Bien battre le fromage à la crème avec le sucre et la farine jusqu'à ce que la pâte soit lisse. Ajouter l'œuf et battre juste pour mélanger. Incorporer délicatement les grains de chocolat. Réfrigérer pendant la préparation des mini-brownies.

Brownies :

◆ Préchauffer le four à 350 °F (180 °C).

◆ Faire fondre le chocolat et le beurre à feu doux ou au micro-ondes à intensité MOYENNE, 4 minutes. Laisser refroidir.

◆ Dans le grand bol du batteur électrique, à vitesse élevée, battre les œufs jusqu'à ce qu'ils soient jaune pâle. Ajouter graduellement le sucre en battant jusqu'à ce que le mélange soit épais, environ 3 minutes. Incorporer le mélange au chocolat fondu. Incorporer délicatement la farine.

◆ Répartir la pâte entre 24 moules à muffins garnis de coupes de papier (ou 48 petits moules à muffins). Déposer une grosse cuillerée à thé de mélange au fromage au centre de chaque brownies. Parsemer les brownies des grains de chocolat qui restent.

◆ Faire cuire au four de 25 à 30 minutes. Ne pas faire trop cuire. Ces petits gâteaux doivent être moelleux au centre.

Préparation : 25 minutes
Cuisson : 30 minutes
Donne 24 brownies de taille ordinaire ou 48 mini-brownies.

BROWNIES MOKA

Un délicieux goût de café, de chocolat et de gâteau au fromage!

Brownie

3	carrés de chocolat non sucré BAKER'S	3
2	carrés de chocolat mi-sucré BAKER'S	2
½ tasse	de beurre ou de margarine	125 mL
2	œufs	2
1	œuf, séparé	1
1¼ tasse	de cassonade tassée	300 mL
¾ tasse	de farine tout usage	175 mL
¼ c. à thé	de poudre à pâte	1 mL
⅓ tasse	de pacanes grillées, hachées grossièrement	75 mL

Garniture au fromage à la crème

3 paquets (125 g chacun)	de fromage à la crème de MARQUE PHILADELPHIA, ramolli	3 paquets (125 g chacun)
1 tasse	de sucre à glacer, tamisé	250 mL
2 c. à soupe	de café instantané	30 mL
1 c. à soupe	de liqueur de café	15 mL
1	œuf	1
1	carré de chocolat mi-sucré BAKER'S	1
1 c. à thé	d'huile végétale	5 mL

Brownie :

◆ Faire fondre le chocolat et le beurre à feu doux ou au micro-ondes à intensité MOYENNE, 3 minutes ou jusqu'à ce que le beurre soit fondu ; laisser refroidir.

◆ Au batteur électrique, battre 2 œufs entiers, 1 jaune d'œuf et le sucre à haute vitesse, 5 minutes.

◆ Incorporer délicatement le mélange au chocolat et le reste des ingrédients du brownie.

◆ Verser dans un moule de 13 po sur 9 po (33 cm sur 23 cm), graissé et fariné ; réfrigérer 15 minutes.

Garniture au fromage à la crème :

◆ Préchauffer le four à 325 °F (160 °C).

◆ Mélanger le fromage à la crème avec le sucre à glacer, le café instantané, la liqueur de café, l'œuf entier et le blanc d'œuf qui reste des ingrédients du brownie.

◆ Mélanger au batteur électrique, à vitesse lente, jusqu'à ce que la préparation soit lisse. Étaler sur la pâte, dans le moule.

◆ Faire fondre le carré de chocolat auquel vous aurez ajouté l'huile ; laisser refroidir à température ambiante. Arroser la garniture au fromage de chocolat fondu en traçant des lignes horizontales dans le sens de la longueur du moule, à ¾ po (2 cm) d'intervalle les unes des autres. En commençant par un coin inférieur, passer un cure-dents perpendiculairement aux lignes horizontales, à ½ po (1 cm) d'intervalle, pour créer un effet de plume.

◆ Faire cuire au four 30 minutes ou jusqu'à ce que la garniture au fromage soit prise. Laisser refroidir. Couper en barres ou en carrés. Conserver au réfrigérateur.

Préparation : 30 minutes
Cuisson : 30 minutes.

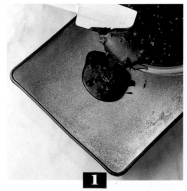

Verser la pâte du brownie dans le moule préparé.

Étaler la garniture au fromage à la crème sur le brownie.

Arroser de chocolat fondu en traçant des lignes horizontales dans le sens de la longueur du moule.

Passer un cure-dents perpendiculairement aux lignes horizontales pour créer un effet de plume.

BROWNIES SUPRÊMES

Des brownies pour les fins connaisseurs!

8	carrés de chocolat non sucré BAKER'S	8
1½ tasse	de beurre ou de margarine	375 mL
6	œufs	6
3 tasses	de sucre	750 mL
1½ tasse	de farine tout usage	375 mL
1 c. à soupe	de vanille	15 mL
1 tasse	de noix de Grenoble ou de pacanes, hachées	250 mL

◆ Préchauffer le four à 350 °F (180 °C).

◆ Faire fondre le chocolat et le beurre à feu doux ou au micro-ondes à intensité MOYENNE, 4 minutes; laisser refroidir.

◆ Battre les œufs jusqu'à ce qu'ils soient jaune pâle. Ajouter graduellement le sucre en battant jusqu'à ce que le mélange soit épais, environ 3 minutes. Incorporer le mélange au chocolat. Petit à petit, incorporer la farine, la vanille et les noix. Verser dans *deux* moules carrés de 8 po (20 cm), graissés et farinés.

◆ Faire cuire au four de 35 à 40 minutes. Ne pas faire trop cuire. Ces brownies doivent être très moelleux au centre. Couper la recette de moitié pour 1 moule. Ces brownies se congèlent bien.

Préparation: 15 minutes
Cuisson: 35 à 40 minutes
Donne environ 32 brownies.

VARIANTES:

Voir les variantes de la recette «Les classiques Baker's» (page 29).

TRÈS Facile

BARRES CROQUANTES AU CHOCOLAT

Elles vous rappelleront votre tablette de chocolat préférée.

⅓ tasse	de cassonade tassée	75 mL
3 c. à soupe	de sirop de maïs	45 mL
2 c. à soupe	de beurre d'arachide croquant KRAFT	30 mL
2 c. à soupe	de beurre ou de margarine, fondu	30 mL
½ c. à thé	de vanille	2 mL
2 tasses	de céréales de son en flocons	500 mL
4	carrés de chocolat mi-sucré BAKER'S, hachés	4
⅓ tasse	de beurre d'arachide croquant KRAFT	75 mL

◆ Préchauffer le four à 375 °F (190 °C).

◆ Bien mélanger la cassonade, le sirop de maïs, 2 c. à soupe (30 mL) de beurre d'arachide, le beurre et la vanille. Ajouter les céréales; bien mélanger. Presser dans un moule carré de 8 po (20 cm), graissé. Faire cuire au four 5 minutes.

◆ Faire fondre le chocolat et le reste du beurre d'arachide à feu doux. Étaler uniformément sur la préparation cuite. Réfrigérer et couper en barres. Conserver au réfrigérateur.

Préparation: 10 minutes
Cuisson: 5 minutes
Donne environ 32 barres.

BISCUITS GÉANTS AU GRUAU ET AU CHOCOLAT

1 tasse	de beurre ou de margarine	250 mL
1½ tasse	de cassonade tassée	375 mL
2	œufs	2
1 c. à thé	de vanille	5 mL
1½ tasse	de farine tout usage	375 mL
2⅓ tasses	de gruau à cuisson rapide	575 mL
2 c. à thé	de bicarbonate de soude	10 mL
1 c. à thé	de sel	5 mL
1 paquet (300 g)	de grains de chocolat mi-sucré BAKER'S	1 paquet (300 g)
1 tasse	de raisins secs	250 mL

◆ Préchauffer le four à 350 °F (180 °C).

◆ Battre en crème le beurre et la cassonade jusqu'à ce que le mélange soit léger et mousseux. Sans cesser de battre, incorporer les œufs et la vanille. Ajouter la farine, le gruau, le bicarbonate de soude et le sel; bien mélanger. Incorporer les grains de chocolat et les raisins secs.

◆ Calculer ¼ de tasse (50 mL) de pâte pour chaque biscuit, les déposer sur des plaques à biscuits graissées, à environ 3 po (7,5 cm) d'intervalle. Aplatir ensuite en galettes de 2½ po (6 cm) de diamètre.

◆ Faire cuire au four de 15 à 20 minutes ou jusqu'à ce que le tour des biscuits soit légèrement doré. Laisser refroidir 5 minutes; retirer des plaques à biscuits et laisser refroidir complètement sur des grilles.

Préparation : 20 minutes
Cuisson : 20 minutes
Donne environ 20 gros biscuits.

Note: Cette pâte se conserve très bien au congélateur. Utilisez une cuillère à crème glacée de ¼ de tasse (50 mL) pour déposer la pâte sur les plaques à biscuits.

BISCUITS AU BEURRE D'ARACHIDE

1 tasse	de farine tout usage	250 mL
½ c. à thé	de bicarbonate de soude	2 mL
¼ c. à thé	de sel	1 mL
½ tasse	de beurre d'arachide croquant KRAFT	125 mL
½ tasse	de beurre ou de margarine	125 mL
½ tasse	de cassonade tassée	125 mL
2 c. à soupe	de sucre	30 mL
1	œuf	1
1 c. à thé	de vanille	5 mL
6	carrés de chocolat blanc BAKER'S, coupés en petits morceaux	6
1 tasse	de pacanes, grossière-ment hachées et grillées	250 mL

◆ Préchauffer le four à 375 °F (190 °C).

◆ Mélanger la farine avec le bicarbonate de soude et le sel; réserver.

◆ Dans un grand bol, battre le beurre d'arachide, le beurre, la cassonade et le sucre 4 minutes ou jusqu'à ce le mélange soit très crémeux. Ajouter l'œuf et la vanille; battre jusqu'à ce que le mélange soit mousseux, environ 3 minutes.

◆ Avec une cuillère en bois, incorporer parfai-tement les ingrédients secs. Incorporer le chocolat et les pacanes.

◆ Déposer par grosses cuillerées à soupe sur 2 grandes plaques à biscuits non graissées, à environ 1 po (2,5 cm) d'intervalle. Aplatir les biscuits avec les doigts.

◆ Faire cuire au four de 9 à 10 minutes. Ne pas faire trop cuire. Laisser refroidir 5 minutes; retirer des plaques à biscuits et laisser refroidir sur une grille. Conserver dans un contenant hermétique.

Préparation: 15 minutes
Cuisson: 10 minutes
Donne 2½ douzaines de biscuits.

BISCUITS CLASSIQUES

On nous demande encore cette recette qui apparaissait
sur un de nos emballages d'il y a plusieurs années!

⅓ tasse	de beurre ou de margarine, ramolli	75 mL
⅓ tasse	de shortening	75 mL
½ tasse	de sucre	125 mL
½ tasse	de cassonade tassée	125 mL
1	œuf	1
1 c. à thé	de vanille	5 mL
1¼ tasse	de farine tout usage	300 mL
½ c. à thé	de bicarbonate de soude	2 mL
¼ c. à thé	de sel	1 mL
1 paquet (175 g)	de grains de chocolat mi-sucré BAKER'S	1 paquet (175 g)

◆ Préchauffer le four à 375 °F (190 °C).

◆ Battre le beurre, le shortening, le sucre, la cassonade, l'œuf et la vanille jusqu'à ce que le mélange soit léger et mousseux. Ajouter la farine, le bicarbonate de soude et le sel; bien mélanger. Incorporer les grains de chocolat.

◆ Déposer par grosses cuillerées à thé sur des plaques à biscuits non graissées.

◆ Faire cuire au four de 10 à 12 minutes. Retirer des plaques à biscuits et laisser refroidir sur une grille.

Préparation: 10 minutes
Cuisson: 12 minutes
Donne environ 40 biscuits.

BISCUITS AU GRUAU ET AU CARAMEL ÉCOSSAIS

½ tasse	de beurre ou de margarine, ramolli	125 mL
½ tasse	de sucre	125 mL
¼ tasse	de cassonade tassée	50 mL
1 c. à thé	de vanille	5 mL
1	œuf	1
1 tasse	de gruau à cuisson rapide	250 mL
1 tasse	de farine tout usage	250 mL
½ c. à thé	de sel	2 mL
½ c. à thé	de bicarbonate de soude	2 mL
1 paquet (300 g)	de grains de caramel écossais BAKER'S	1 paquet (300 g)

◆ Préchauffer le four à 350 °F (180 °C).

◆ Battre le beurre, le sucre, la cassonade, la vanille et l'œuf jusqu'à ce que le mélange soit léger et mousseux.

◆ À la main, bien incorporer le gruau, la farine, le bicarbonate de soude, le sel et incorporer les grains de caramel écossais.

◆ Déposer par grosses cuillerées à thé sur des plaques à biscuits non graissées, à environ 2 po (5 cm) d'intervalle.

◆ Faire cuire au four de 10 à 12 minutes ou jusqu'à ce que les biscuits soient légèrement dorés. Le centre des biscuits doit demeurer moelleux. Laisser refroidir 2 minutes avant de les déposer sur une grille. Laisser refroidir.

Préparation: 10 minutes
Cuisson: 12 minutes
Donne 36 biscuits.

1

Au batteur électrique, mélanger le beurre, la cassonade, le sucre, la vanille et les œufs.

2

Incorporer les ingrédients secs à la main.

3

Incorporer les grains de chocolat et les noix.

Biscuits aux grains de chocolat

Cette recette, qui est sur notre emballage, est la meilleure de BAKER'S.

1 tasse	de beurre ou de margarine, ramolli	250 mL
1 tasse	de cassonade tassée	250 mL
½ tasse	de sucre	125 mL
2 c. à thé	de vanille	10 mL
2	œufs	2
2¼ tasses	de farine tout usage	550 mL
1 c. à thé	de bicarbonate de soude	5 mL
½ c. à thé	de sel	2 mL
1 paquet (300 g)	de grains de chocolat mi-sucré BAKER'S	1 paquet (300 g)
1 tasse	de pacanes ou de noix de Grenoble, hachées (facultatif)	250 mL

◆ Préchauffer le four à 375 °F (190 °C).

◆ Au batteur électrique, mélanger le beurre, la cassonade, le sucre, la vanille et les œufs jusqu'à ce que le mélange soit léger et mousseux.

◆ À la main, bien incorporer la farine, le bicarbonate de soude et le sel.

◆ Incorporer les grains de chocolat et les noix. Déposer par grosses cuillerées à thé sur des plaques à biscuits non graissées, à environ 2 po (5 cm) d'intervalle.

◆ Faire cuire au four de 10 à 12 minutes ou jusqu'à ce que les biscuits soient légèrement dorés. Retirer des plaques à biscuits et laisser refroidir sur des grilles.

Préparation: 10 minutes
Cuisson: 12 minutes
Donne environ 5 douzaines de biscuits.

VARIANTE:

Ajouter à la pâte 1 tasse (250 mL) de gruau à cuisson rapide ou de noix de coco BAKER'S ANGEL FLAKE.

Déposer par grosses cuillerées à thé sur des plaques à biscuits.

MACARONS AU CHOCOLAT

4	gros blancs d'œufs, à température ambiante	4
1½ c. à thé	de vanille	7 mL
⅔ tasse	de sucre	150 mL
¼ tasse	de farine tout usage	50 mL
3½ tasses	de noix de coco BAKER'S ANGEL FLAKE, légèrement tassée	875 mL
6	carrés de chocolat mi-sucré BAKER'S, hachés	6
3 c. à soupe	de beurre ou de margarine	45 mL

◆ Préchauffer le four à 325 °F (160 °C).

◆ Au batteur électrique, mélanger les blancs d'œufs jusqu'à ce qu'ils soient mousseux. Incorporer la vanille, le sucre et la farine pour obtenir une préparation lisse.

◆ Incorporer la noix de coco et remuer pour l'imprégner du mélange.

◆ Sur 2 plaques à biscuits bien graissées, à intervalles réguliers, déposer des portions de pâte de ¼ tasse (50 mL). Les aplatir en galettes d'environ 3 po (7,5 cm) de diamètre. Faire cuire au four jusqu'à ce que les macarons soient dorés et encore un peu humides, environ 25 minutes. Laisser refroidir sur des grilles.

◆ Faire fondre le chocolat et le beurre à feu doux ou au micro-ondes à intensité MOYENNE, 2 minutes. Remuer jusqu'à ce que le mélange soit bien lisse.

◆ Tremper une moitié des macarons dans le chocolat fondu. Déposer sur une plaque à biscuits recouverte de papier ciré. Réfrigérer, sans couvrir, jusqu'à ce que le chocolat durcisse, environ 45 minutes. Se conserve jusqu'à une semaine dans un contenant hermétique.

Préparation : 20 minutes plus la réfrigération
Cuisson : 25 minutes
Donne 10 macarons.

BARRES NANAÏMO AU BEURRE D'ARACHIDE

Base

½ tasse	de beurre ou de margarine	125 mL
3	carrés de chocolat mi-sucré BAKER'S, hachés	3
2 c. à soupe	de sucre	30 mL
1 c. à thé	de vanille	5 mL
1	œuf	1
2 tasses	de chapelure de graham	500 mL
1 tasse	de noix de coco BAKER'S ANGEL FLAKE	250 mL
½ tasse	de noix hachées	125 mL

Garniture

2 c. à soupe	de crème anglaise en poudre	30 mL
2 c. à soupe	de beurre, ramolli	30 mL
¼ tasse	de lait	50 mL
2 c. à soupe	de beurre, ramolli	30 mL
½ tasse	de beurre d'arachide crémeux KRAFT	125 mL
2 tasses	de sucre à glacer, tamisé	500 mL

Glaçage

5	carrés de chocolat mi-sucré BAKER'S, hachés	5
1 c. à soupe	de beurre	15 mL

Base :

◆ Faire fondre le beurre et le chocolat à feu doux ou au micro-ondes à HAUTE intensité, 2 minutes. Incorporer le sucre, la vanille et l'œuf. Ajouter la chapelure, la noix de coco et les noix ; bien mélanger. Presser dans un moule carré de 9 po (23 cm). Réfrigérer.

Garniture :

◆ Au batteur électrique, bien mélanger tous les ingrédients. Étaler sur la base ; réfrigérer.

Glaçage :

◆ Faire fondre le chocolat et le beurre à feu doux ou au micro-ondes à intensité MOYENNE, de 3 à 4 minutes. Étaler sur la garniture.

Préparation : 20 minutes plus la réfrigération
Donne environ 18 barres.

BISCUITS AU CHOCOLAT BLANC

Pour un effet visuel différent !

5	carrés de chocolat mi-sucré BAKER'S	5
½ tasse	de beurre ou de margarine	125 mL
1	œuf	1
½ tasse	de sucre	125 mL
½ tasse	de cassonade tassée	125 mL
1 c. à thé	de vanille	5 mL
1⅔ tasse	de farine tout usage	400 mL
½ c. à thé	de bicarbonate de soude	2 mL
½ c. à thé	de poudre à pâte	2 mL
½ c. à thé	de sel	2 mL
¼ tasse	de crème sure	50 mL
1 paquet (225 g)	de grains de chocolat blanc BAKER'S	1 paquet (225 g)

◆ Faire fondre le chocolat mi-sucré et le beurre à feu doux ou au micro-ondes à HAUTE intensité, 2 minutes.

◆ Battre l'œuf avec le sucre, la cassonade et la vanille jusqu'à ce que le mélange soit lisse. Ajouter le mélange au chocolat en battant. Ajouter la farine, le bicarbonate de soude, la poudre à pâte, le sel et la crème sure ; bien mélanger. Incorporer les grains de chocolat.

◆ Réfrigérer la pâte au moins 30 minutes pour qu'elle durcisse et pour empêcher les biscuits de trop s'étaler.

◆ Préchauffer le four à 350 °F (180 °C).

◆ Déposer la pâte par grosses cuillerées à thé sur des plaques à biscuits non graissées, à environ 2 po (5 cm) d'intervalle.

◆ Faire cuire au four de 10 à 12 minutes. Le centre des biscuits doit demeurer moelleux. Laisser refroidir 2 minutes sur les plaques à biscuits ; laisser ensuite refroidir sur une grille.

Préparation : 10 minutes plus la réfrigération
Cuisson : 12 minutes
Donne environ 4 douzaines de biscuits.

BISCUITS DIVINS AU CHOCOLAT

1½ tasse	de beurre ou de margarine, ramolli	375 mL
2 tasses	de cassonade tassée	500 mL
2	œufs	2
2 c. à thé	de vanille	10 mL
2 tasses	de farine tout usage	500 mL
1 tasse	de farine de blé entier	250 mL
1 c. à thé	de bicarbonate de soude	5 mL
½ c. à thé	de sel	2 mL
10	carrés de chocolat mi-amer BAKER'S, chacun coupé en 8 morceaux	10
1 tasse	de pacanes, grossièrement hachées	250 mL

◆ Préchauffer le four à 375 °F (190 °C).

◆ Au batteur électrique, à vitesse lente, bien mélanger le beurre, la cassonade, les œufs et la vanille. Ajouter les farines, le bicarbonate de soude et le sel ; bien mélanger. Incorporer le chocolat et les pacanes.

◆ Déposer par grosses cuillerées à soupe sur des plaques à biscuits non graissées.

◆ Faire cuire au four de 8 à 10 minutes ou jusqu'à ce que le tour des biscuits soit doré et que le centre ne semble pas tout à fait cuit. Retirer des plaques à biscuits et laisser refroidir sur une grille.

Préparation : 20 minutes
Cuisson : 10 minutes
Donne environ 50 biscuits.

Duos chocolatés

Une recette qui unit deux de vos biscuits préférés !

1½ tasse	de beurre ou de margarine, ramolli	375 mL
1½ tasse	de cassonade tassée	375 mL
¾ tasse	de sucre	175 mL
3	œufs	3
3½ tasses	de farine tout usage	875 mL
2 c. à thé	de bicarbonate de soude	10 mL
4	carrés de chocolat mi-amer BAKER'S, fondus et refroidis	4
1 paquet (225 g)	de grains de chocolat blanc BAKER'S	1 paquet (225 g)
½ tasse	de pacanes hachées	125 mL
1 paquet (300 g)	de grains de chocolat mi-sucré BAKER'S	1 paquet (300 g)

◆ Préchauffer le four à 350 °F (180 °C).

◆ Au batteur électrique, réduire en crème le beurre, la cassonade et le sucre. Ajouter les œufs en battant jusqu'à ce que le mélange soit mousseux. À la main, incorporer la farine et le bicarbonate de soude.

◆ Diviser la pâte en deux. Incorporer le chocolat mi-amer, les grains de chocolat blanc et les pacanes à une des moitiés. Incorporer les grains de chocolat mi-sucré à l'autre moitié.

◆ Sur des plaques à biscuits non graissées, à intervalles réguliers, déposer une cuillerée à thé de chaque sorte de pâte, côte à côte, pour former un seul biscuit. Faire cuire au four de 8 à 10 minutes ou jusqu'à ce que les biscuits soient légèrement dorés.

Préparation : 25 minutes
Cuisson : 10 minutes
Donne 5 douzaines de biscuits.

1

Battre le beurre avec le sucre
et les œufs.

2

Incorporer le chocolat fondu
en battant.

3

Incorporer le reste des
ingrédients en battant.

BISCOTTI AU CHOCOLAT BLANC ET AUX ABRICOTS

*Les biscuits italiens « à tremper », qui sont à la mode
ces temps-ci, sont cuits deux fois au four. C'est ce qui leur
confère ce croquant qui les caractérise si bien !*

½ tasse	de beurre ou de margarine	125 mL
1½ tasse	de sucre	375 mL
2	œufs	2
3	carrés de chocolat blanc BAKER'S, fondus et refroidis	3
2¾ tasses	de farine tout usage	675 mL
2½ c. à thé	de poudre à pâte	12 mL
1 c. à thé	de sel	5 mL
¼ tasse	de jus d'orange	50 mL
1 c. à thé	d'extrait d'amande	5 mL
3	carrés de chocolat blanc BAKER'S, hachés	3
¾ tasse	d'amandes grillées, grossièrement hachées	175 mL
¾ tasse	d'abricots séchés, grossièrement hachés	175 mL
	Chocolat blanc et/ou mi-amer BAKER'S (facultatif)	

◆ Préchauffer le four à 350 °F (180 °C). Graisser et fariner deux plaques à biscuits.

◆ Battre le beurre avec le sucre et les œufs. Ajouter le chocolat fondu sans cesser de battre.

◆ Ajouter le reste des ingrédients en battant, pour bien mélanger. La pâte sera collante.

◆ Répartir la pâte entre les deux plaques à biscuits et la façonner en longs rouleaux d'environ 2 po (5 cm) de diamètre.

◆ Faire cuire au four 30 minutes ou jusqu'à ce que la pâte soit dorée. Laisser refroidir 10 minutes. Couper en tranches de ¾ po (2 cm) d'épaisseur.

◆ Déposer les tranches sur les plaques à biscuits. Remettre au four et faire cuire 20 minutes, en retournant les biscuits une fois durant la cuisson. Laisser refroidir complètement. Si désiré, tremper les biscuits dans du chocolat blanc ou mi-amer fondu. Conserver dans un contenant hermétique.

Préparation : 20 minutes
Cuisson : 50 minutes
Donne environ 40 biscuits.

Note : On peut préparer ces biscuits deux semaines à l'avance. Ils se conservent jusqu'à trois mois au congélateur.

4

Façonner la pâte en deux rouleaux et les disposer dans des plaques à biscuits.

5

Trancher les rouleaux cuits et remettre au four.

BOULES AU BEURRE D'ARACHIDE ET AU CHOCOLAT

Du beurre d'arachide trempé dans le chocolat.

½ tasse	de dattes hachées	125 mL
½ tasse	de pacanes hachées	125 mL
1 tasse	de sucre à glacer, tamisé	250 mL
½ tasse	de beurre d'arachide croquant KRAFT	125 mL
2 c. à soupe	de beurre ou de margarine, fondu	30 mL
6	carrés de chocolat mi-sucré BAKER'S, hachés	6

◆ Bien mélanger les dattes, les pacanes, le sucre à glacer, le beurre d'arachide et le beurre. Façonner en boules de 1 po (2,5 cm) de diamètre.

◆ Faire fondre partiellement le chocolat dans un bol placé sur un récipient d'eau très chaude. Retirer de la source de chaleur et continuer à remuer jusqu'à ce que le chocolat soit fondu et lisse.

◆ Enrober chaque boule de chocolat. Déposer sur une plaque à biscuits recouverte de papier ciré. Réfrigérer jusqu'à ce que les boules soient fermes. Conserver au réfrigérateur.

Préparation : 25 minutes plus la réfrigération
Donne environ 30 boules.

BISCUITS AUX NOIX ET AU CHOCOLAT

Un tendre biscuit au chocolat et aux noix !

8	carrés de chocolat mi-sucré BAKER'S	8
3	carrés de chocolat non sucré BAKER'S	3
½ tasse	de beurre ou de margarine	125 mL
3	œufs	3
1¼ tasse	de sucre	300 mL
2 c. à thé	de vanille	10 mL
⅔ tasse	de farine tout usage	150 mL
½ c. à thé	de poudre à pâte	2 mL
¼ c. à thé	de sel	1 mL
1 paquet (300 g)	de grains de chocolat mi-sucré BAKER'S	1 paquet (300 g)
3 tasses	de noix grillées hachées (pacanes et noix de Grenoble)	750 mL

◆ Préchauffer le four à 325 °F (160 °C).

◆ Faire fondre le chocolat et le beurre à feu doux ou au micro-ondes à intensité MOYENNE, 3 minutes. Remuer jusqu'à ce que le mélange soit lisse ; laisser refroidir.

◆ Battre les œufs avec le sucre jusqu'à ce que le mélange soit épais, environ 5 minutes. Sans cesser de battre, y incorporer la préparation au chocolat et la vanille.

◆ Incorporer la farine, la poudre à pâte, le sel, les grains de chocolat et les noix.

◆ Déposer la pâte par grosses cuillerées à soupe sur des plaques à biscuits graissées.

◆ Faire cuire au four 10 minutes ou jusqu'à ce que les biscuits se fendillent légèrement mais soient encore humides. Laisser refroidir 2 minutes ; retirer des plaques à biscuits et laisser refroidir complètement sur une grille.

Préparation : 20 minutes
Cuisson : 10 minutes
Donne environ 30 biscuits.

BARRES AUX AMANDES ET AU CHOCOLAT

Croûte

¾ tasse	de farine tout usage	175 mL
⅓ tasse	de sucre à glacer, tamisé	75 mL
¼ tasse	de beurre ou de margarine	50 mL
¼ c. à thé	d'extrait d'amande	1 mL
1	jaune d'œuf	1

Garniture

1 tasse	d'amandes naturelles entières	250 mL
½ tasse	de beurre ou de margarine, ramolli	125 mL
¾ tasse	de sucre	175 mL
1 c. à thé	de vanille	5 mL
3	œufs	3
2 c. à soupe	de farine tout usage	30 mL
½ c. à thé	de cannelle	2 mL
¼ c. à thé	de muscade	1 mL

Glaçage

3	carrés de chocolat mi-sucré BAKER'S, hachés	3
1 c. à soupe	de beurre	15 mL
	Amandes naturelles entières (facultatif)	

Croûte :

◆ Préchauffer le four à 350 °F (180 °C).

◆ Mélanger la farine et le sucre à glacer. Incorporer le beurre en le coupant, jusqu'à ce que le mélange soit grumeleux. Incorporer l'extrait d'amande et le jaune d'œuf. Presser fermement dans le fond d'un moule carré de 8 po (20 cm), légèrement graissé.

◆ Faire cuire au four 12 minutes ou jusqu'à ce que la croûte soit dorée. Laisser refroidir.

Garniture :

◆ Étaler les amandes dans un plat peu profond. Faire cuire au four 10 minutes ou jusqu'à ce qu'elles soient dorées. Laisser refroidir. Moudre finement au robot culinaire ; réserver.

◆ Battre le beurre en crème. Ajouter graduellement le sucre et continuer à battre jusqu'à ce que le mélange soit léger et mousseux. Ajouter la vanille et les amandes moulues. Ajouter les œufs, un à la fois, en battant bien après chaque addition.

◆ Bien incorporer la farine, la cannelle et la muscade. Étaler la garniture uniformément sur la croûte cuite. Faire cuire au four de 30 à 35 minutes ou jusqu'à ce qu'un cure-dents inséré au centre en ressorte propre. Laisser refroidir sur une grille.

Glaçage :

◆ Faire fondre partiellement le chocolat et le beurre à feu doux. Retirer du feu et continuer à remuer jusqu'à ce que le mélange soit bien lisse. Étaler sur la garniture. Réfrigérer. Couper en barres et garnir d'amandes entières, si désiré. Conserver dans un contenant hermétique.

Préparation : 30 minutes
Cuisson : 35 minutes
Donne environ 32 barres.

BARRES AU CARAMEL ET AUX GRAINS DE CHOCOLAT

La meilleure et la plus facile des barres !

1 tasse	de beurre ou de margarine, ramolli	250 mL
1½ tasse	de cassonade tassée	375 mL
2	œufs	2
1 c. à thé	de vanille	5 mL
2 tasses	de farine tout usage	500 mL
1 c. à thé	de bicarbonate de soude	5 mL
1 c. à thé	de sel	5 mL
1 paquet (300 g)	de grains de caramel écossais* BAKER'S	1 paquet (300 g)
4	carrés de chocolat mi-sucré BAKER'S, chacun coupé en 8 morceaux	4
½ tasse	de pacanes hachées	125 mL

* Remplacer par 1 paquet (300 g) de grains de chocolat mi-sucré BAKER'S

◆ Préchauffer le four à 350 °F (180 °C).

◆ Dans un grand bol, battre le beurre, la cassonade, les œufs et la vanille jusqu'à ce que le mélange soit léger et mousseux.

◆ Bien incorporer la farine, le bicarbonate de soude et le sel. Incorporer les grains de caramel. Étaler dans un moule de 13 po sur 9 po (33 cm sur 23 cm), graissé.

◆ Faire cuire au four de 35 à 40 minutes ou jusqu'à ce qu'un cure-dents inséré au centre en ressorte propre.

◆ Parsemer de chocolat ; remettre au four 1 minute ou jusqu'à ce que le chocolat soit fondu. Étaler uniformément le chocolat et parsemer de pacanes. Laisser refroidir ; couper en barres.

Préparation : 20 minutes
Cuisson : 40 minutes
Donne environ 36 barres.

CERISES EN BARRES

1¼ tasse	de farine tout usage	300 mL
⅔ tasse	de cassonade tassée, divisée	150 mL
¾ tasse	de beurre ou de margarine	175 mL
1	œuf	1
½ tasse	d'arachides salées	125 mL
½ tasse	d'amandes naturelles entières	125 mL
½ tasse	de pacanes en moitiés	125 mL
1½ tasse	de cerises glacées vertes et rouges mélangées, coupées en deux	375 mL
1 tasse	de grains de chocolat mi-sucré BAKER'S	250 mL

◆ Préchauffer le four à 350 °F (180 °C).

◆ Mélanger la farine et ⅓ tasse (75 mL) de cassonade. Incorporer le beurre. Presser uniformément le mélange dans un moule à gâteau roulé de 15 po sur 10 po (40 cm sur 25 cm), non graissé.

◆ Faire cuire au four 15 minutes.

◆ Battre ensemble l'œuf et le reste de la cassonade. Ajouter les noix, les cerises glacées et les grains de chocolat. Bien mélanger. Déposer uniformément sur la base cuite. Faire cuire au four 20 minutes. Laisser refroidir. Couper en barres.

Préparation : 20 minutes
Cuisson : 35 minutes
Donne environ 40 barres.

BARRES SACHER

¾ tasse	de beurre ou de margarine	175 mL
3	carrés de chocolat non sucré BAKER'S	3
1½ tasse	de sucre	375 mL
3	œufs	3
1¼ tasse	de farine tout usage	300 mL
1½ c. à thé	de vanille	7 mL
¾ tasse	de confiture d'abricots	175 mL
2	carrés de chocolat mi-amer BAKER'S, fondus	2

◆ Préchauffer le four à 325 °F (160 °C).

◆ Faire fondre le beurre et le chocolat non sucré à feu doux. Retirer du feu; incorporer le sucre. Laisser refroidir légèrement.

◆ Ajouter les œufs, un à la fois, en battant bien après chaque addition. Ajouter la farine et la vanille; bien mélanger. Étaler uniformément dans un moule à gâteau roulé de 15 po sur 10 po (40 cm sur 25 cm), recouvert de papier ciré, graissé et fariné.

◆ Faire cuire au four de 15 à 20 minutes ou jusqu'à ce qu'un cure-dents inséré au centre en ressorte propre. Ne pas faire trop cuire. Laisser refroidir.

◆ Faire fondre la confiture à feu doux. Passer au tamis pour en retirer les morceaux de fruits. Étaler uniformément sur la base cuite.

◆ Couper la base en deux dans le sens de la longueur, puis en travers, afin d'obtenir 4 rectangles. Superposer par deux, de façon à ce que la confiture soit toujours sur le dessus. Napper uniformément de chocolat fondu. Couper en barres. Conserver dans un contenant hermétique au réfrigérateur.

Préparation : 30 minutes
Cuisson : 20 minutes
Donne 40 barres.

BARRES DIXIE

Base		
1¼ tasse	de farine tout usage	300 mL
¼ tasse	de sucre	50 mL
½ tasse	de beurre ou de margarine	125 mL

Garniture		
1 boîte (300 mL)	de lait concentré sucré	1 boîte (300 mL)
½ tasse	de sucre	125 mL
½ tasse	de beurre ou de margarine	125 mL
2 c. à soupe	de sirop de maïs	30 mL
1 tasse	de pacanes en morceaux	250 mL

Glaçage		
4	carrés de chocolat mi-sucré BAKER'S, hachés	4
1 c. à soupe	de beurre	15 mL
24	moitiés de pacanes	24

Base :

◆ Préchauffer le four à 350 °F (180 °C).

◆ Mélanger la farine et le sucre ; couper le beurre dans le mélange pour obtenir une pâte molle. La presser dans un moule carré de 8 po (20 cm). Faire dorer au four de 20 à 30 minutes.

Garniture :

◆ Mélanger le lait, le sucre, le beurre et le sirop de maïs dans une casserole à fond épais ; faire cuire à feu doux en remuant jusqu'à ce que le sucre soit dissous, environ 5 minutes. Porter à ébullition à feu mi-doux et laisser bouillir de 6 à 8 minutes, *en remuant constamment* ou jusqu'à ce que le mélange épaississe légèrement et prenne une teinte caramel. Retirer du feu ; incorporer les pacanes en morceaux. Étaler uniformément sur la base. Réfrigérer.

Glaçage :

◆ Faire fondre partiellement le chocolat et le beurre à feu doux. Retirer du feu et continuer à remuer jusqu'à ce que le mélange soit bien lisse. Étaler sur la garniture au caramel. Décorer de moitiés de pacanes.

Préparation : 20 minutes plus la réfrigération
Cuisson : 30 minutes
Donne 24 barres.

BARRES AU CHOCOLAT ET AU CARAMEL

Une tendre garniture au chocolat et au caramel
emprisonnée entre deux croûtes.

1 sac (198 g)	de caramels KRAFT (environ 24)	1 sac (198 g)
½ tasse	de lait évaporé	125 mL
1 tasse	de farine tout usage	250 mL
1 tasse	de gruau à cuisson rapide	250 mL
¾ tasse	de cassonade tassée	175 mL
½ c. à thé	de bicarbonate de soude	2 mL
¼ c. à thé	de sel	1 mL
¾ tasse	de beurre ou de margarine, ramolli	175 mL
1 tasse	de grains de chocolat mi-sucré BAKER'S	250 mL
½ tasse	de noix de Grenoble ou de pacanes, hachées	125 mL

◆ Préchauffer le four à 350 °F (180 °C).

◆ Faire fondre les caramels dans le lait évaporé, à feu doux ou au micro-ondes à intensité MOYENNE, 5 minutes, en remuant jusqu'à ce que la consistance soit lisse.

◆ Dans un grand bol, mélanger la farine, le gruau, la cassonade, le bicarbonate de soude et le sel. Couper le beurre dans le mélange jusqu'à ce qu'il soit grumeleux. Presser la moitié du mélange dans un moule carré de 9 po (23 cm). Réserver l'autre moitié.

◆ Faire cuire au four 10 minutes.

◆ Parsemer uniformément la croûte cuite de grains de chocolat et de noix. Napper du mélange au caramel. Couvrir du mélange grumeleux réservé.

◆ Faire cuire au four de 20 à 25 minutes ou jusqu'à ce que le dessus soit doré. Laisser refroidir; couper en barres.

Préparation : 20 minutes
Cuisson : 35 minutes
Donne 24 barres.

BARRES MOELLEUSES AUX RAISINS

½ tasse	de beurre ou de margarine	125 mL
1½ tasse	de chapelure de graham	375 mL
1½ tasse	de raisins secs	375 mL
1 tasse	de noix hachées grossièrement	250 mL
1½ tasse	de noix de coco BAKER'S ANGEL FLAKE	375 mL
1 boîte (300 mL)	de lait concentré sucré	1 boîte (300 mL)
3	carrés de chocolat mi-sucré BAKER'S, hachés	3
1 c. à soupe	de beurre ou de margarine	15 mL

◆ Préchauffer le four à 350 °F (180 °C).

◆ Dans un moule de 13 po sur 9 po (33 cm sur 23 cm), mettre ½ tasse (125 mL) de beurre et le faire fondre au four.

◆ Sortir du four et incorporer la chapelure. Presser uniformément pour couvrir le fond du moule.

◆ Parsemer de raisins, de noix et de noix de coco; arroser uniformément la surface de lait concentré. Faire cuire au four de 25 à 30 minutes ou jusqu'à ce que le dessus soit doré. Laisser refroidir.

◆ Faire fondre le chocolat et le reste du beurre à feu doux ou au micro-ondes à intensité MOYENNE, 2 minutes. Avec une cuillère à thé, en arroser le dessus des barres de chocolat. Réfrigérer.

Préparation: 20 minutes plus la réfrigération
Cuisson: 30 minutes
Donne environ 36 barres.

DÉLICES AU CHOCOLAT ET À LA NOIX DE COCO

Croûte

1¼ tasse	de farine tout usage	300 mL
¼ tasse	de cassonade tassée	50 mL
½ tasse	de beurre ou de margarine	125 mL
2	carrés de chocolat non sucré BAKER'S, fondus	2

Garniture

2	œufs	2
1 tasse	de cassonade tassée	250 mL
¼ tasse	de farine tout usage	50 mL
½ c. à thé	de poudre à pâte	2 mL
1⅓ tasse	de noix de coco BAKER'S ANGEL FLAKE	325 mL
1 tasse	de grains de caramel écossais ou de grains de chocolat mi-sucré BAKER'S	250 mL
½ tasse	de noix de Grenoble hachées	125 mL
1 c. à thé	de vanille	5 mL

Croûte:

◆ Préchauffer le four à 350 °F (180 °C).

◆ Mélanger la farine et la cassonade. Bien incorporer le beurre et le chocolat.

◆ Presser dans un moule carré de 9 po (23 cm), non graissé. Faire cuire au four 15 minutes.

Garniture:

◆ Battre les œufs jusqu'à ce qu'ils soient épais et jaune pâle. Ajouter graduellement la cassonade, en battant jusqu'à ce que le mélange soit léger et mousseux.

◆ Mélanger la farine et la poudre à pâte; incorporer très délicatement au mélange aux œufs.

◆ Incorporer le reste des ingrédients. Étaler sur la croûte cuite, dans le moule.

◆ Faire cuire au four 20 à 25 minutes ou jusqu'à ce que le dessus soit légèrement doré. Laisser refroidir; couper en barres.

Préparation: 30 minutes
Cuisson: 40 minutes
Donne environ 24 barres.

Gourmandises

 # Muffins aux bananes superchocolatés

⅓ tasse	d'huile végétale	75 mL
½ tasse	de sucre	125 mL
1	œuf	1
1 tasse	de bananes mûres écrasées (environ 3 de taille moyenne)	250 mL
1 paquet (300 g)	de grains de chocolat mi-sucré BAKER'S	1 paquet (300 g)
1 tasse	de farine tout usage	250 mL
1 c. à thé	de bicarbonate de soude	5 mL
½ c. à thé	de sel	2 mL
½ c. à thé	de cannelle	2 mL

◆ Préchauffer le four à 350 °F (180 °C).

◆ Fouetter l'huile, le sucre et l'œuf ; incorporer les bananes et la moitié des grains de chocolat.

◆ Dans un autre bol, mélanger la farine, le bicarbonate de soude, le sel et la cannelle ; incorporer au premier mélange en remuant juste assez pour humecter.

◆ Répartir la pâte entre 12 moules à muffins graissés. Parsemer du reste des grains de chocolat.

◆ Faire cuire au four de 15 à 20 minutes.

Préparation : 15 minutes
Cuisson : 20 minutes
Donne 12 muffins.

TARTELETTES AU CHOCOLAT ET AU BEURRE D'ARACHIDE

Une tradition canadienne avec une touche de chocolat et de beurre d'arachide.

3	carrés de chocolat mi-sucré BAKER'S, coupés en petits morceaux	3
12	croûtes à tartelettes de taille moyenne, non cuites	12
⅓ tasse	de sirop de maïs	75 mL
¼ tasse	de beurre d'arachide crémeux KRAFT	50 mL
¼ tasse	de sucre	50 mL
½ c. à thé	de vanille	2 mL
2	œufs	2

◆ Placer la grille du four au plus bas niveau et préchauffer le four à 400 °F (200 °C).

◆ Répartir les morceaux de chocolat entre les croûtes à tartelettes.

◆ Mélanger le reste des ingrédients jusqu'à ce que la pâte soit lisse. Verser sur le chocolat pour remplir les croûtes.

◆ Faire cuire au four, sur la grille inférieure, de 12 à 15 minutes.

Préparation : 15 minutes
Cuisson : 15 minutes
Donne 12 portions.

Note : Vous pouvez aussi utiliser 24 petites croûtes à tartelettes et les faire cuire de 10 à 13 minutes.

1

Ajouter la farine et le sucre
au beurre en crème en battant
jusqu'à ce que le mélange soit
grumeleux.

2

Ajouter les cinq ingrédients
suivants au mélange à la farine
et remuer juste assez pour
humecter.

3

Étaler le tiers de la pâte dans le
moule.

Gâteau aux poires Belle Hélène

¾ tasse	de beurre ou de margarine, ramolli	175 mL
2½ tasses	de farine tout usage	625 mL
1 tasse	de sucre	250 mL
½ c. à thé	de poudre à pâte	2 mL
½ c. à thé	de bicarbonate de soude	2 mL
4	carrés de chocolat non sucré BAKER'S, fondus	4
1	œuf, battu	1
1 tasse	de lait	250 mL
1 boîte (28 oz)	de poires en moitiés, bien égouttées	1 boîte (796 mL)
⅓ tasse	de pacanes en moitiés	75 mL

◆ Préchauffer le four à 350 °F (180 °C).

◆ Au batteur électrique, battre le beurre en crème. Ajouter la farine et le sucre en battant à vitesse lente jusqu'à ce que le mélange soit grumeleux. Réserver ⅓ tasse (75 mL) du mélange.

◆ Au reste du mélange, ajouter la poudre à pâte, le bicarbonate de soude, le chocolat, l'œuf et le lait. Remuer juste assez pour humecter les ingrédients.

◆ Étaler le tiers de la pâte dans un moule à charnière de 9 po (23 cm) de diamètre, graissé. Placer les demi-poires en cercle sur la pâte, le côté coupé vers le bas. Recouvrir les poires de cuillerées de pâte, puis lisser la surface. Parsemer du mélange grumeleux réservé et des pacanes.

◆ Faire cuire au four 70 minutes ou jusqu'à ce qu'un cure-dents inséré au centre en ressorte propre. Laisser refroidir.

Préparation : 20 minutes
Cuisson : 70 minutes
Donne 8 portions.

4

Déposer les poires sur la pâte.

5

Verser le reste de la pâte sur les poires et l'étaler uniformément.

6

Parsemer du mélange grumeleux réservé et des pacanes.

GÂTEAU AUX BANANES ET AUX GRAINS DE CHOCOLAT

Un gâteau moelleux aromatisé d'un soupçon de cannelle.

1 tasse	de beurre ou de margarine, ramolli	250 mL
2 tasses	de sucre	500 mL
2	œufs, battus	2
1 c. à thé	de vanille	5 mL
2½ tasses	de bananes mûres écrasées (environ 7 de taille moyenne)	625 mL
3 tasses	de farine tout usage	750 mL
2 c. à thé	de poudre à pâte	10 mL
2 c. à thé	de bicarbonate de soude	10 mL
1 tasse	de crème sure	250 mL
1 c. à thé	de cannelle	5 mL
½ tasse	de cassonade tassée	125 mL
1 paquet (300 g)	de grains de chocolat mi-sucré BAKER'S	1 paquet (300 g)

◆ Préchauffer le four à 350 °F (180 °C).

◆ Battre le beurre et le sucre. Ajouter les œufs et battre jusqu'à ce que le mélange soit lisse. Incorporer la vanille et les bananes écrasées ; remuer pour obtenir un mélange lisse.

◆ Mélanger la farine avec la poudre à pâte et le bicarbonate de soude. Incorporer au mélange aux bananes en alternant avec la crème sure. Terminer par les ingrédients secs.

◆ Verser la moitié de la pâte dans un moule de 9 po sur 13 po (23 cm sur 33 cm), graissé.

◆ Mélanger la cannelle et la cassonade. Parsemer la moitié de ce mélange sur la pâte dans le moule. Y parsemer ensuite la moitié des grains de chocolat. Répéter les couches. Faire cuire au four de 45 à 50 minutes ou jusqu'à ce qu'un cure-dents inséré au centre en ressorte propre. Laisser refroidir dans le moule.

Préparation : 20 minutes
Cuisson : 50 minutes
Donne 12 portions.

GÂTEAU AU CHOCOLAT ET AUX COURGETTES

Les courgettes rendent ce gâteau très tendre.

2	carrés de chocolat non sucré BAKER'S, fondus et refroidis	2
1½ tasse	de farine tout usage	375 mL
1½ tasse	de sucre	375 mL
¾ tasse	d'huile végétale	175 mL
2	œufs	2
¾ c. à thé	de poudre à pâte	3 mL
½ c. à thé	de bicarbonate de soude	2 mL
½ c. à thé	de sel	2 mL
1½ tasse	de courgettes râpées	375 mL
½ tasse	de noix grossièrement hachées	125 mL
	Sucre à glacer (facultatif)	

◆ Préchauffer le four à 350 °F (180 °C).

◆ Mélanger le chocolat, la farine, le sucre, l'huile, les œufs, la poudre à pâte, le bicarbonate de soude et le sel. Battre à la fourchette 2 minutes ou jusqu'à ce que la pâte soit lisse. Incorporer les courgettes et les noix.

◆ Verser dans un moule carré de 8 po (20 cm).

◆ Faire cuire au four 45 minutes ou jusqu'à ce qu'un cure-dents inséré au centre en ressorte propre. Laisser refroidir. Saupoudrer de sucre à glacer, si désiré.

Préparation : 15 minutes
Cuisson : 45 minutes
Donne 9 portions.

Gâteau aux bananes et aux grains de chocolat

Gâteau au chocolat marbré à l'orange

Ce gâteau léger est marbré de zeste d'orange frais et de chocolat.

Gâteau

1¼ tasse	de farine tout usage	300 mL
½ c. à thé	de bicarbonate de soude	2 mL
½ c. à thé	de sel	2 mL
½ tasse	de beurre ou de margarine, ramolli	125 mL
1 tasse	de cassonade tassée	250 mL
3	œufs	3
½ tasse	de crème sure	125 mL
4	carrés de chocolat mi-sucré BAKER'S, fondus et refroidis	4
1 c. à soupe	de zeste d'orange râpé	15 mL

Glaçage

3	carrés de chocolat mi-sucré BAKER'S	3
1½ c. à soupe	de beurre	25 mL
1½ c. à soupe	de jus d'orange	25 mL
½ c. à thé	d'huile végétale	2 mL

Gâteau :

◆ Préchauffer le four à 350 °F (180 °C).

◆ Mélanger la farine avec le bicarbonate de soude et le sel.

◆ Battre en crème le beurre et la cassonade jusqu'à ce qu'ils soient légers et mousseux. Bien incorporer les œufs un à la fois.

◆ Au batteur électrique, à vitesse lente, incorporer les ingrédients secs en alternant avec la crème sure, un tiers à la fois. Mesurer 1 tasse (250 mL) de pâte ; y ajouter le chocolat et bien mélanger. Ajouter le zeste d'orange au reste de la pâte ; bien mélanger.

◆ Verser la moitié de la pâte à l'orange dans un moule à pain de 9 po sur 5 po (23 cm sur 13 cm), graissé et fariné. Recouvrir de la pâte au chocolat. Y déposer des cuillerées de pâte à l'orange. Marbrer au couteau.

◆ Faire cuire au four 1 heure ou jusqu'à ce qu'un cure-dents inséré au centre en ressorte propre. Laisser refroidir sur une grille 10 minutes ; démouler et laisser refroidir complètement sur la grille.

Glaçage :

◆ À feu doux, faire fondre le chocolat et le beurre, additionnés du jus d'orange et de l'huile. Mélanger jusqu'à ce que la consistance soit lisse. Répartir uniformément sur le gâteau.

Préparation : 30 minutes
Cuisson : 1 heure
Donne 10 portions.

GÂTEAU MOUCHETÉ AU CHOCOLAT

Gâteau

2 tasses	de farine tout usage	500 mL
½ c. à thé	de poudre à pâte	2 mL
¼ c. à thé	de sel	1 mL
1 tasse	de crème sure	250 mL
1 c. à thé	de bicarbonate de soude	5 mL
½ tasse	de beurre ou de margarine, ramolli	125 mL
1 tasse	de sucre	250 mL
2	œufs	2
½ c. à thé	de vanille	2 mL
3	carrés de chocolat mi-sucré BAKER'S, râpés grossièrement	3

Garniture

⅓ tasse	de céréales Bran Flake	75 mL
⅓ tasse	de cassonade tassée	75 mL
½ c. à thé	de cannelle	2 mL
2	carrés de chocolat mi-sucré BAKER'S	2
2 c. à thé	de beurre	10 mL

Gâteau :

◆ Préchauffer le four à 350 °F (180°C).

◆ Mélanger la farine avec la poudre à pâte et le sel ; réserver. Mélanger la crème sure et le bicarbonate de soude. Réserver.

◆ Battre ensemble le beurre et le sucre jusqu'à ce que le mélange soit léger et mousseux. Ajouter les œufs, un à la fois, en battant bien après chaque addition. Ajouter la vanille.

◆ Au batteur électrique, incorporer les ingrédients secs en alternant avec la crème sure, un tiers à la fois. Incorporer très délicatement le chocolat râpé.

◆ Verser dans un moule carré de 9 po (23 cm), graissé et fariné.

Garniture :

◆ Bien mélanger les céréales, la cassonade et la cannelle. En parsemer uniformément la pâte.

◆ Faire cuire au four de 45 à 50 minutes ou jusqu'à ce qu'un cure-dents inséré au centre en ressorte propre. Laisser refroidir dans le moule, sur une grille.

◆ Faire fondre partiellement le chocolat et le beurre à feu doux. Avec une cuillère à thé, en arroser le dessus du gâteau.

Préparation : 30 minutes
Cuisson : 50 minutes
Donne 12 portions.

Battre le beurre et le sucre jusqu'à ce que le mélange soit léger et mousseux.

Ajouter les œufs, un à la fois, en battant.

Incorporer les ingrédients secs en alternant avec la crème sure.

4 Incorporer la crème sure en alternant avec les ingrédients secs.

5 Incorporer très délicatement le chocolat râpé.

6 Parsemer le mélange aux céréales sur la pâte.

PAIN AUX BANANES ET AU CHOCOLAT

2	œufs, légèrement battus	2
1 tasse	de bananes mûres écrasées (environ 3 de taille moyenne)	250 mL
⅓ tasse	d'huile végétale	75 mL
¼ tasse	de lait	50 mL
2 tasses	de farine tout usage	500 mL
1 tasse	de sucre	250 mL
2 c. à thé	de poudre à pâte	10 mL
¼ c. à thé	de sel	1 mL
8	carrés de chocolat mi-sucré BAKER'S, coupés en petits morceaux	8
½ tasse	de noix hachées	125 mL
¼ tasse	de cassonade tassée	50 mL
½ c. à thé	de cannelle	2 mL

◆ Préchauffer le four à 350 °F (180 °C).

◆ Bien mélanger les œufs, les bananes, l'huile et le lait.

◆ Ajouter la farine, le sucre, la poudre à pâte et le sel; remuer juste assez pour humecter. Incorporer le chocolat et les noix.

◆ Verser dans un moule à pain de 9 po sur 5 po (23 cm sur 13 cm), graissé.

◆ Mélanger la cassonade et la cannelle; en saupoudrer la pâte.

◆ Faire cuire au four 60 minutes ou jusqu'à ce qu'un cure-dents inséré au centre en ressorte propre. Laisser refroidir 10 minutes. Démouler; laisser refroidir complètement sur une grille.

Préparation: 10 minutes
Cuisson: 60 minutes
Donne 14 portions.

DESSERTS POUR TOUS LES JOURS

1

Au four, faire fondre le chocolat additionné d'huile dans un moule carré.

2

Incorporer les 7 ingrédients suivants en battant à la fourchette jusqu'à ce que le mélange soit homogène.

3

Incorporer la moitié des grains de chocolat.

GÂTEAU AUX DEUX CHOCOLATS

Ce gâteau aux deux chocolats est le plus simple...
mais aussi le plus moelleux des gâteaux.

⅓ tasse	d'huile végétale	75 mL
2	carrés de chocolat non sucré BAKER'S	2
¾ tasse	d'eau	175 mL
1 tasse	de sucre	250 mL
1	œuf	1
1¼ tasse	de farine tout usage	300 mL
½ c. à thé	de sel	2 mL
½ c. à thé	de bicarbonate de soude	2 mL
1 c. à thé	de vanille	5 mL
1 paquet (300 g)	de grains de chocolat mi-sucré BAKER'S	1 paquet (300 g)
⅓ tasse	de noix hachées	75 mL

◆ Préchauffer le four à 350 °F (180 °C).

◆ Faire chauffer l'huile et le chocolat au four, dans un moule carré de 8 po (20 cm), environ 4 minutes ou jusqu'à ce que le chocolat soit fondu.

◆ Ajouter l'eau, le sucre, l'œuf, la farine, le sel, le bicarbonate de soude et la vanille. Battre à la fourchette environ 2 minutes, jusqu'à ce que la pâte soit lisse. Incorporer la moitié des grains de chocolat.

◆ Étaler la pâte uniformément dans le moule. Parsemer des noix hachées et du reste des grains de chocolat.

◆ Faire cuire au four 40 minutes. Laisser refroidir.

Préparation : 10 minutes
Cuisson : 40 minutes
Donne 9 portions.

4

Parsemer la pâte des noix et des grains de chocolat qui restent.

POUDING AU CHOCOLAT À L'ANCIENNE

Pouding

2	carrés de chocolat non sucré BAKER'S	2
¼ tasse	de beurre ou de margarine	50 mL
1 tasse	de farine tout usage	250 mL
½ c. à thé	de poudre à pâte	2 mL
½ c. à thé	de sel	2 mL
⅔ tasse	de sucre	150 mL
½ tasse	de lait	125 mL
1 c. à thé	de vanille	5 mL
½ tasse	de noix hachées	125 mL

Sauce

1¾ tasse	d'eau froide	425 mL
1 c. à thé	de fécule de maïs	5 mL
2	carrés de chocolat non sucré BAKER'S, hachés	2
½ tasse	de cassonade tassée	125 mL
¼ tasse	de sucre	50 mL
	Crème glacée	

Pouding:

◆ Préchauffer le four à 350 °F (180 °C).

◆ Faire fondre le chocolat et le beurre dans un moule carré de 8 po (20 cm), environ 5 minutes.

◆ Ajouter la farine, la poudre à pâte, le sel, le sucre, le lait et la vanille. Battre à la fourchette jusqu'à ce que le mélange soit homogène et crémeux, environ 2 minutes. Incorporer les noix. Verser dans le moule.

Sauce:

◆ Dans une casserole, bien mélanger l'eau froide et la fécule de maïs. Ajouter les 2 carrés de chocolat, la cassonade et le sucre.

◆ Porter à ébullition à feu modéré, en remuant. Verser sur le gâteau dans le moule.

◆ Faire cuire au four de 45 à 50 minutes ou jusqu'à ce que la sauce bouillonne et que le gâteau commence à se détacher des parois du moule. Servir chaud, garni d'une boule de crème glacée.

Préparation : 20 minutes
Cuisson : 50 minutes
Donne 6 portions.

TARTE CRATÈRE AU CHOCOLAT

½ tasse	de beurre ou de margarine	125 mL
2	carrés de chocolat non sucré BAKER'S, hachés	2
1	carré de chocolat mi-sucré BAKER'S, haché	1
3	œufs	3
1⅓ tasse	de sucre	325 mL
3 c. à soupe	de sirop de maïs	45 mL
2 c. à soupe	de crème sure	30 mL
1 c. à soupe	de café instantané	15 mL
1½ c. à thé	de vanille	7 mL
1	croûte à tarte de 9 po (23 cm) de diamètre, non cuite	1

◆ Placer la grille du four au plus bas niveau et préchauffer le four à 350 °F (180 °C).

◆ Faire fondre le beurre et tout le chocolat à feu doux ou au micro-ondes à intensité MOYENNE, 2 minutes. Réserver.

◆ Bien mélanger les six ingrédients suivants. Incorporer le mélange au chocolat. Verser dans la croûte à tarte.

◆ Faire cuire au four de 40 à 50 minutes ou jusqu'à ce que la garniture soit prise et boursouflée et qu'elle commence à craqueler. Laisser refroidir à température ambiante. Servir avec de la crème fouettée nature ou au café, ou de la crème glacée, si désiré.

Préparation : 15 minutes
Cuisson : 50 minutes
Donne environ 8 portions.

Note: Il est normal que la garniture soit boursouflée et qu'elle se fendille durant la cuisson, puis qu'elle retombe légèrement en refroidissant.

GÂTEAU AU CHOCOLAT MIRACLE WHIP

Gâteau

1½ tasse	de sauce à salade MIRACLE WHIP	375 mL
2¼ tasses	de cassonade tassée	550 mL
1½ c. à thé	de vanille	7 mL
3	œufs	3
6	carrés de chocolat non sucré BAKER'S, fondus et refroidis	6
2¼ tasses	de farine à pâtisserie	550 mL
2 c. à thé	de bicarbonate de soude	10 mL
½ c. à thé	de sel	2 mL
1 tasse	d'eau bouillante	250 mL

Glaçage

4	carrés de chocolat non sucré BAKER'S	4
½ tasse	de beurre ou de margarine	125 mL
3½ tasses	de sucre à glacer, tamisé	875 mL
½ tasse	de lait	125 mL
1 c. à thé	de vanille	5 mL

Gâteau :

◆ Préchauffer le four à 350 °F (180 °C).

◆ Au batteur électrique, mélanger la sauce à salade, la cassonade et la vanille. Incorporer les œufs et le chocolat.

◆ Mélanger les ingrédients secs; les ajouter au mélange crémeux en alternant avec l'eau et en remuant bien après chaque addition.

◆ Répartir la pâte entre 2 moules de 9 po (23 cm) de diamètre, recouverts de papier ciré. Faire cuire au four de 30 à 35 minutes ou jusqu'à ce qu'un cure-dents inséré au centre en ressorte propre. Attendre 10 minutes avant de démouler.

Glaçage :

◆ Faire fondre le chocolat et le beurre à feu doux. Laisser tiédir. Au batteur électrique, incorporer les autres ingrédients pour obtenir un mélange lisse. Réfrigérer jusqu'à ce que le glaçage soit facile à étaler.

◆ Superposer les gâteaux en étalant 1 tasse (250 mL) de glacage entre eux, puis glacer le dessus et le tour.

Préparation : 20 minutes
Cuisson : 35 minutes
Donne environ 10 à 12 portions.

POUDING AU CHOCOLAT, À LA CRÈME ANGLAISE

Pouding

2½ tasses	de crème à 18 % ou de lait	625 mL
6	carrés de chocolat mi-sucré BAKER'S, hachés	6
3	œufs	3
3	jaunes d'œufs	3
½ tasse	de sucre	125 mL
8 tasses (8 tranches)	de pain aux œufs coupé en cubes	2 L (8 tranches)

Pouding :

◆ À feu doux, faire chauffer la crème et le chocolat dans une casserole à fond épais, en remuant jusqu'à ce que le mélange soit lisse.

◆ Fouetter les œufs avec les jaunes d'œufs et le sucre ; incorporer au premier mélange.

◆ Mettre le pain dans un moule carré de 9 po (23 cm) ; le couvrir du mélange au chocolat. Laisser reposer 30 minutes.

◆ Préchauffer le four à 325 °F (160 °C). Couvrir le moule de papier d'aluminium et percer celui-ci pour laisser échapper la vapeur. Déposer ce moule dans un moule plus grand. Verser de l'eau bouillante dans le grand moule, jusqu'à la moitié du petit moule.

◆ Faire cuire de 65 à 75 minutes ou jusqu'à ce que le pouding soit pris. Attendre au moins 30 minutes avant de servir. Couper en carrés et napper de crème anglaise.

Crème anglaise :

◆ Dans un bol allant au micro-ondes, battre ensemble 2 jaunes d'œufs, ¼ tasse (50 mL) de sucre et 1 c. à thé (5 mL) de fécule de maïs jusqu'à ce que le mélange soit léger. Dans une tasse à mesurer, faire chauffer 1 tasse (250 mL) de crème légère au micro-ondes, à HAUTE intensité, environ 2 minutes ; incorporer au mélange aux jaunes d'œufs en battant.

◆ Faire chauffer au micro-ondes, à HAUTE intensité, jusqu'à ce que le mélange commence à bouillir, environ 2 minutes, en remuant une fois. Incorporer le chocolat blanc ; remuer jusqu'à ce que le mélange soit lisse.

Préparation : 30 minutes
Cuisson : 75 minutes
Donne environ 9 portions.

CARRÉS À LA CRÈME GLACÉE

Ayez-en toujours sous la main...
comme si vous aviez votre propre crémerie!

	Sauce satinée au chocolat (voir page 184)	
20	gaufrettes au chocolat, écrasées	20
1 (2 L)	contenant de crème glacée à la vanille, ramollie	1 (2 L)
½ tasse	d'arachides hachées	125 mL

◆ Préparer la sauce satinée au chocolat. Laisser refroidir 20 minutes.

◆ Presser les gaufrettes écrasées au fond d'un moule carré de 9 po (23 cm), recouvert de papier ciré.

◆ Garnir la croûte de la moitié de la crème glacée. Arroser du tiers de la sauce au chocolat et parsemer de la moitié des arachides.

◆ Recouvrir du reste de la crème glacée et lisser la surface. Napper du reste de la sauce au chocolat; parsemer du reste des arachides.

◆ Congeler jusqu'à ce que le mélange soit ferme, environ 3 heures. Couper en carrés et servir.

Préparation : 30 minutes plus la congélation
Donne 9 portions.

1

Incorporer le chocolat,
les jaunes d'œufs et la vanille
au mélange au beurre.

2

Incorporer les ingrédients secs,
un tiers à la fois.

3

Incorporer le lait en alternant
avec les ingrédients secs.

GÂTEAU ALLEMAND AU CHOCOLAT

Notre meilleure recette de gâteau au chocolat sucré Baker's...
et aussi la plus populaire!

Gâteau

1 tasse	de beurre ou de margarine	250 mL
1⅔ tasse	de sucre	400 mL
4	œufs, séparés	4
4	carrés de chocolat sucré BAKER'S, fondus	4
1 c. à thé	de vanille	5 mL
2¼ tasses	de farine tout usage	550 mL
2 c. à thé	de poudre à pâte	10 mL
½ c. à thé	de sel	2 mL
1¼ tasse	de lait	300 mL

Garniture

½ tasse	de beurre ou de margarine	125 mL
½ tasse	de cassonade tassée	125 mL
½ tasse	de lait	125 mL
2	œufs	2
2 tasses	de pacanes hachées	500 mL
2 tasses	de noix de coco BAKER'S ANGEL FLAKE	500 mL
2 c. à thé	de vanille	10 mL

Gâteau:

◆ Préchauffer le four à 350 °F (180 °C).

◆ Battre le beurre et le sucre jusqu'à ce qu'ils soient légers et moelleux; incorporer les jaunes d'œufs, le chocolat et la vanille.

◆ Mélanger les ingrédients secs et les incorporer au mélange crémeux en alternant avec le lait et en remuant bien après chaque addition. Incorporer très délicatement les blancs d'œufs battus en neige ferme.

◆ Répartir la pâte entre 3 moules à gâteau de 9 po (23 cm) de diamètre, graissés et farinés.

◆ Faire cuire au four de 25 à 30 minutes ou jusqu'à ce qu'un cure-dents inséré au centre en ressorte propre. Laisser refroidir 10 minutes; démouler; laisser refroidir.

Garniture:

◆ Dans une casserole, mélanger le beurre, la cassonade, le lait et les œufs. Faire chauffer à feu doux en remuant sans arrêt, jusqu'à ce que le mélange épaississe. Incorporer le reste des ingrédients.

◆ Superposer les gâteaux en étalant le tiers de la garniture entre chacun d'eux. Couvrir et garder au réfrigérateur.

Préparation : 20 minutes plus le refroidissement
Cuisson : 30 minutes
Donne 12 portions.

Incorporer très délicatement les blancs d'œufs à la pâte.

Préparer la garniture.

Étaler la garniture sur les gâteaux, puis les superposer.

FLAN EXPRESS AU CHOCOLAT ET AUX ABRICOTS

¾ tasse	de farine tout usage	175 mL
¾ tasse	de sucre	175 mL
2 c. à thé	de poudre à pâte	10 mL
¼ c. à thé	de sel	1 mL
3	carrés de chocolat non sucré BAKER'S, fondus	3
½ tasse	de beurre ou de margarine, fondu	125 mL
½ tasse	de lait	125 mL
2	œufs	2
1 c. à thé	de vanille	5 mL
2 c. à soupe	de liqueur fine	30 mL
1 boîte (14 oz)	d'abricots en moitiés, égouttés	1 boîte (398 mL)
2 c. à soupe	de confiture d'abricots	30 mL
2	carrés de chocolat mi-sucré BAKER'S, râpés	2

◆ Préchauffer le four à 375 °F (190 °C).

◆ Dans un grand bol, mélanger les 9 premiers ingrédients au batteur électrique pendant 1 minute, à vitesse lente. Verser dans un moule à flan de 9 ½ po (24 cm) de diamètre, à fond amovible, graissé.

◆ Faire cuire au four de 20 à 25 minutes ou jusqu'à ce qu'un cure-dents inséré au centre en ressorte propre. Laisser refroidir dans le moule déposé sur une grille ; démouler.

◆ Badigeonner le dessus du gâteau avec 1 c. à soupe (15 mL) de liqueur. Couvrir des moitiés d'abricots, le côté coupé vers le bas.

◆ À feu modéré, faire fondre la confiture d'abricots avec le reste de la liqueur, de 1 à 2 minutes.

◆ En badigeonner le dessus du gâteau et des abricots. Parsemer du chocolat râpé.

Préparation : 20 minutes
Cuisson : 25 minutes
Donne 8 portions.

FÊTES ET ANNIVERSAIRES

GÂTEAU D'ANNIVERSAIRE

Gâteau

1¾ tasse	de farine tout usage	425 mL
1¾ tasse	de sucre	425 mL
1¼ c. à thé	de bicarbonate de soude	6 mL
½ c. à thé	de sel	2 mL
¼ c. à thé	de poudre à pâte	1 mL
⅔ tasse	de beurre ou de margarine, ramolli	150 mL
4	carrés de chocolat non sucré BAKER'S, fondus et refroidis	4
1¼ tasse	d'eau	300 mL
1 c. à thé	de vanille	5 mL
3	œufs	3

Glaçage

4	carrés de chocolat non sucré BAKER'S	4
½ tasse	de beurre ou de margarine, ramolli	125 mL
¼ tasse	de lait	50 mL
1	œuf, légèrement battu	1
2½ tasses	de sucre à glacer, tamisé	625 mL

Gâteau :

◆ Préchauffer le four à 350 °F (180 °C).

◆ Mélanger ensemble tous les ingrédients du gâteau, sauf les œufs. Battre 2 minutes au batteur électrique, à vitesse moyenne. Ajouter les œufs et battre encore 2 minutes. Répartir la pâte entre 2 moules de 9 po (23 cm) de diamètre, graissés et farinés.

◆ Faire cuire au four de 35 à 40 minutes ou jusqu'à ce qu'un cure-dents inséré au centre en ressorte propre. Laisser refroidir 10 minutes dans les moules ; démouler et laisser refroidir sur des grilles.

Glaçage :

◆ Faire chauffer le chocolat, le beurre et le lait à feu doux, en remuant jusqu'à ce que la consistance soit lisse ; laisser refroidir. Incorporer l'œuf. Ajouter le sucre à glacer et battre 1 minute, à vitesse moyenne. Réfrigérer jusqu'à ce que le glaçage s'étale bien.

Assemblage :

◆ Étaler 1 tasse (250 mL) de glaçage sur un des gâteaux. Recouvrir de l'autre gâteau. Glacer le dessus et le tour du gâteau. Garnir de décorations en chocolat.

Préparation : 60 minutes
Cuisson : 40 minutes
Donne 10 portions.

Petits gâteaux amusants

Petits gâteaux

6	carrés de chocolat mi-sucré BAKER'S	6
¾ tasse	de beurre ou de margarine	175 mL
1½ tasse	de sucre	375 mL
3	œufs	3
2 c. à thé	de vanille	10 mL
2½ tasses	de farine tout usage	625 mL
1 c. à thé	de bicarbonate de soude	5 mL
½ c. à thé	de sel	2 mL
1½ tasse	d'eau	375 mL

Glaçage

1 tasse	de garniture fouettée COOL WHIP, dégelée	250 mL
3 (142 g chacun)	poudings au chocolat MOMENTS MAGIQUES	3 (142 g chacun)
	Minis guimauves KRAFT	
	Grains de chocolat mi-sucré miniatures BAKER'S	

Petits gâteaux :

◆ Préchauffer le four à 350 °F (180 °C).

◆ Dans un grand bol, faire chauffer le chocolat et le beurre au micro-ondes à HAUTE intensité, 2 minutes ou jusqu'à ce que le beurre soit fondu. Remuer jusqu'à ce que le chocolat soit complètement fondu.

◆ Bien incorporer le sucre au mélange au chocolat fondu.

◆ Au batteur électrique, incorporer les œufs, un à la fois. Ajouter la vanille.

◆ Incorporer ½ tasse (125 mL) de farine, le bicarbonate de soude et le sel. Ajouter le reste de la farine en alternant avec l'eau et battre jusqu'à ce que la pâte soit lisse. Répartir entre 24 moules à muffins garnis de coupes en papier.

◆ Faire cuire au four 25 minutes ou jusqu'à ce qu'un cure-dents inséré au centre en ressorte propre. Laisser refroidir.

Glaçage :

◆ Incorporer délicatement la garniture fouettée aux poudings. En napper les gâteaux. Décorer de guimauves et de grains de chocolat.

Préparation : 20 minutes
Cuisson : 25 minutes
Donne 24 petits gâteaux.

Fraises au chocolat

4	carrés de chocolat mi-sucré BAKER'S	4
1 chopine	de fraises	500 mL

◆ Faire fondre partiellement le chocolat dans un bol placé sur un récipient d'eau très chaude. Retirer de la source de chaleur et continuer à remuer jusqu'à ce que le chocolat soit fondu et lisse.

◆ Laver les fraises et bien les assécher ; ne pas les équeuter.

◆ Tremper le bout de chaque fraise dans le chocolat. Placer sur du papier ciré. Réfrigérer jusqu'à ce que le chocolat soit ferme.

◆ S'il reste des fraises, les garder au réfrigérateur. Peut se préparer de 4 à 6 heures à l'avance.

Préparation : 15 minutes plus la réfrigération
Donne environ 12 fraises.

SATELLITES AU CHOCOLAT

Petits gâteaux

2	carrés de chocolat non sucré BAKER'S, fondus et refroidis	2
⅓ tasse	d'huile végétale	75 mL
¾ tasse	d'eau	175 mL
1 tasse	de sucre	250 mL
1	œuf	1
1¼ tasse	de farine tout usage	300 mL
½ c. à thé	de bicarbonate de soude	2 mL
½ c. à thé	de sel	2 mL
1 c. à thé	de vanille	5 mL

Glaçage

2	carrés de chocolat non sucré BAKER'S	?
¼ tasse	de beurre ou de margarine	50 mL
1⅓ tasse	de sucre à glacer, tamisé	325 mL
¼ c. à thé	de sel	1 mL
1	œuf, bien battu	1
1 c. à thé	de vanille	5 mL
	Sucre à glacer	
	Bonbons pour décorer	

Petits gâteaux :

◆ Préchauffer le four à 350 °F (180 °C).

◆ Mélanger les ingrédients des petits gâteaux. Battre à la fourchette jusqu'à ce que la pâte soit lisse et crémeuse.

◆ Répartir entre 12 moules à muffins garnis de coupes en papier. Faire cuire au four 25 minutes ou jusqu'à ce qu'un cure-dents inséré au centre en ressorte propre. Laisser refroidir.

Glaçage :

◆ Faire fondre le chocolat et le beurre à feu doux. Laisser refroidir.

◆ Y mélanger le sucre, le sel, l'œuf et la vanille jusqu'à ce que la préparation soit lisse.

◆ Réfrigérer jusqu'à ce que le glaçage soit facile à étaler, environ ½ heure.

◆ Couper une calotte sur chaque gâteau ; réserver. Étaler 2 c. à soupe (30 mL) de glaçage sur chaque gâteau. Couper les calottes en deux, saupoudrer de sucre à glacer et insérer dans le glaçage. Décorer de bonbons.

Préparation : 30 minutes
Cuisson : 25 minutes
Donne 12 petits gâteaux.

GÂTEAU DES AMOUREUX

Gâteau

½ tasse	de beurre ou de margarine, ramolli	125 mL
1¼ tasse	de farine tout usage	300 mL
1¼ tasse	de sucre	300 mL
¾ c. à thé	de bicarbonate de soude	3 mL
¾ c. à thé	de sel	3 mL
⅔ tasse	d'eau	150 mL
2	carrés de chocolat non sucré BAKER'S, fondus et refroidis	2
2	œufs	2
1 c. à thé	de vanille	5 mL

Glaçage

4	carrés de chocolat non sucré BAKER'S, fondus et refroidis	4
½ tasse	de beurre ou de margarine, ramolli	125 mL
¼ tasse	de lait	50 mL
1	œuf, légèrement battu	1
2½ tasses	de sucre à glacer, tamisé	625 mL

Cœurs en chocolat

1	carré de chocolat mi-sucré BAKER'S	1
	Sucre à glacer	

Gâteau:

◆ Préchauffer le four à 350 °F (180 °C).

◆ Battre le beurre en crème. Mélanger la farine, le sucre, le bicarbonate de soude et le sel. Ajouter les ingrédients secs et l'eau au beurre. Mélanger, puis battre au batteur électrique à vitesse moyenne, 1 minute.

◆ Ajouter le chocolat, les œufs et la vanille. Mélanger au batteur électrique, à vitesse lente, 1 minute. Verser dans un moule carré de 9 po (23 cm), graissé et fariné.

◆ Faire cuire au four 45 minutes ou jusqu'à ce qu'un cure-dents inséré au centre en ressorte propre. Laisser refroidir dans le moule 10 minutes; démouler sur une grille et laisser refroidir complètement.

◆ Tailler un carré de papier ciré de 8 ¼ po (21 cm). Le plier en diagonale et y dessiner la moitié d'un cœur. Découper. Déplier le cœur et s'en servir comme guide pour couper le gâteau.

◆ Glacer et décorer de cœurs en chocolat et de sucre à glacer.

Glaçage:

◆ Faire chauffer le chocolat, le beurre et le lait à feu doux; remuer jusqu'à ce que le mélange soit lisse. Laisser refroidir.

◆ Incorporer l'œuf. Ajouter le sucre à glacer; battre à vitesse moyenne, 1 minute. Réfrigérer jusqu'à ce que le glaçage s'étale bien.

Cœurs en chocolat:

◆ Faire fondre partiellement le carré de chocolat dans un bol placé sur un récipient d'eau très chaude. Retirer de la source de chaleur et remuer jusqu'à ce qu'il soit complètement fondu.

◆ Verser sur du papier ciré. Couvrir d'une autre feuille de papier ciré et, avec un rouleau à pâte, abaisser à ⅛ po (3 mm) d'épaisseur. Réfrigérer jusqu'à ce que le chocolat soit ferme, environ 5 minutes. Retirer la feuille de papier ciré du dessus et tailler des cœurs dans le chocolat, avec un emporte-pièce. Si le chocolat est trop cassant, le laisser reposer quelques minutes à température ambiante. Conserver au réfrigérateur.

Préparation: 1 heure
Cuisson: 45 minutes
Donne 12 portions.

1

Badigeonner le gâteau de
confiture d'abricots.

2

Faire fondre les ingrédients
pour le glaçage dans un bol
placé sur un récipient
d'eau très chaude.

3

Verser le glaçage sur le gâteau
et taper la grille sur le comptoir
pour lisser la surface.

GÂTEAU DES GRANDES OCCASIONS

Le gâteau parfait pour célébrer un anniversaire ou une fête spéciale.
Soufflez bien toutes les bougies et votre souhait se réalisera!

Gâteau

4	carrés de chocolat non sucré BAKER'S, hachés	4
¼ tasse	de beurre	50 mL
1 tasse	de lait	250 mL
4	œufs, séparés	4
2 tasses	de sucre	500 mL
1 tasse	de farine tout usage	250 mL
1½ c. à thé	de poudre à pâte	7 mL
1 tasse	de confiture d'abricots	250 mL

Glaçage

4	carrés de chocolat mi-sucré ou mi-amer BAKER'S, hachés	4
1½ c. à soupe	de beurre	25 mL
2 c. à soupe	de brandy à l'abricot	30 mL
½ c. à thé	d'huile végétale	2 mL
	Copeaux de chocolat	
	Sucre à glacer	

Gâteau:

◆ Préchauffer le four à 350 °F (180 °C).

◆ Faire chauffer à feu doux le chocolat avec le beurre et le lait. Remuer jusqu'à ce que le mélange soit lisse et légèrement épais; laisser refroidir.

◆ Battre les jaunes d'œufs. Sans cesser de battre, ajouter graduellement le sucre. Incorporer le mélange au chocolat. Bien incorporer la farine et la poudre à pâte.

◆ Battre les blancs d'œufs en neige ferme. Incorporer très délicatement le mélange au chocolat. Verser dans un moule à charnière de 9 po (23 cm) de diamètre, graissé et fariné. Faire cuire au four 55 minutes. Laisser refroidir sur une grille. Démouler. Si le dessus du gâteau est fendillé, enlever une fine tranche pour en égaliser parfaitement la surface.

◆ Amener la confiture juste au point d'ébullition; la passer au tamis pour enlever les morceaux de fruits. En badigeonner tout le gâteau. Laisser le gâteau sur une grille placée sur du papier ciré.

Glaçage:

◆ Faire chauffer le chocolat avec le beurre, le brandy et l'huile dans un bol posé sur un récipient d'eau très chaude, en remuant jusqu'à ce que le mélange soit lisse.

◆ Verser sur le gâteau. Taper la grille plusieurs fois sur le comptoir pour lisser le glaçage et l'étaler uniformément. Décorer de copeaux de chocolat et de sucre à glacer.

Préparation: 50 minutes
Cuisson: 55 minutes
Donne 12 portions.

4

À l'aide d'un couteau-éplucheur, faire des copeaux de chocolat.

5

Décorer le gâteau de copeaux et de sucre à glacer.

GÂTEAU POUR AMATEURS DE CHOCOLAT

Mystérieux, foncé... et délicieux!

Gâteau

3	œufs, séparés	3
⅔ tasse	de beurre ou de margarine, ramolli	150 mL
¾ tasse	de sucre	175 mL
5	carrés de chocolat mi-amer BAKER'S, fondus	5
⅔ tasse	de farine tout usage	150 mL
¼ tasse	de lait	50 mL
½ tasse	d'amandes moulues	125 mL
½ c. à thé	d'extrait d'amande	2 mL

Glaçage

5	carrés de chocolat mi-amer BAKER'S	5
¼ tasse	de beurre ou de margarine	50 mL
3 c. à soupe	de lait	45 mL
1 tasse	de sucre à glacer	250 mL
¼ c. à thé	d'extrait d'amande	1 mL

Garniture

½ tasse	d'amandes tranchées, grillées	125 mL

Gâteau :

◆ Préchauffer le four à 350 °F (180 °C).

◆ Battre les blancs d'œufs en neige ferme ; réserver.

◆ Battre le beurre en crème, en ajoutant graduellement le sucre. Sans cesser de battre, incorporer les jaunes d'œufs et le chocolat.

◆ Incorporer la farine en alternant avec le lait ; bien mélanger. Incorporer les amandes moulues et l'extrait d'amande.

◆ Incorporer très délicatement les blancs d'œufs pour qu'ils soient juste mélangés.

◆ Verser la pâte dans un moule à charnière de 9 po (23 cm) de diamètre, graissé.

◆ Faire cuire au four de 35 à 40 minutes ou jusqu'à ce qu'un cure-dents inséré au centre en ressorte propre. Laisser refroidir 10 minutes avant de retirer les parois du moule. Laisser refroidir complètement avant de glacer.

Glaçage :

◆ Faire chauffer le chocolat, le beurre et le lait dans un bol placé sur un récipient d'eau très chaude ou au micro-ondes à intensité MOYENNE, de 2 à 3 minutes. Ajouter le sucre à glacer et l'extrait d'amande, en fouettant légèrement pour obtenir un mélange lisse. Étaler sur le gâteau. Décorer le tour d'amandes.

Préparation : 30 minutes
Cuisson : 40 minutes
Donne 12 portions.

GÂTEAU AU CHOCOLAT ET À LA CANNELLE

Tout le monde sera émerveillé par ce dessert!

Gâteau

½ tasse	de beurre ou de margarine, ramolli	125 mL
¾ tasse	de sucre, divisé	175 mL
1 c. à thé	de vanille	5 mL
7	œufs, séparés	7
⅓ tasse	de farine tout usage	75 mL
3 c. à soupe	de fécule de maïs	45 mL
2	carrés de chocolat non sucré BAKER'S	2
1 c. à soupe	d'huile végétale	15 mL
½ c. à thé	de cannelle	2 mL

Glaçage

4	carrés de chocolat mi-sucré ou mi-amer BAKER'S, hachés	4
2 c. à soupe	d'eau	30 mL
2 c. à soupe	de beurre ou de margarine	30 mL
	Copeaux de chocolat mi-sucré *ou* mi-amer et blanc BAKER'S (facultatif)	

Gâteau:

◆ Au batteur électrique, battre le beurre avec ¼ tasse (50 mL) de sucre et la vanille. Ajouter les jaunes d'œufs, un à la fois, en battant après chaque addition. Mélanger la farine et la fécule de maïs, puis incorporer au mélange au beurre. Diviser la pâte en deux.

◆ Faire chauffer le chocolat et l'huile à feu doux jusqu'à ce que le chocolat soit fondu; incorporer le chocolat à une moitié de la pâte et la cannelle, à l'autre moitié.

◆ Battre les blancs d'œufs jusqu'à ce qu'ils forment des pics mous. Ajouter graduellement le reste du sucre, en battant jusqu'à ce qu'ils forment des pics fermes.

◆ Incorporer très délicatement une moitié des blancs d'œufs à chaque portion de pâte (la pâte peut avoir une texture grumeleuse).

◆ Graisser et fariner un moule de 9 po (23 cm) de diamètre.

◆ Étaler ½ tasse (125 mL) de pâte au chocolat dans le moule. Placer sous le gril chaud, à environ 5 po (13 cm) de l'élément supérieur 2 minutes ou jusqu'à ce que la pâte soit cuite. Sortir le moule du four, y verser ½ tasse (125 mL) de pâte à la cannelle et faire cuire comme précédemment. Continuer les opérations en alternant les couches de pâte jusqu'à ce qu'il ne reste plus de pâte (environ 10 couches). Laisser refroidir sur une grille. Démouler.

Glaçage:

◆ Faire chauffer le chocolat, l'eau et le beurre à feu doux, en remuant jusqu'à ce que le mélange soit lisse.

◆ Mettre la grille sur laquelle est placé le gâteau sur une feuille de papier ciré; verser le glaçage sur le gâteau. Taper la grille plusieurs fois sur le comptoir pour lisser et étaler uniformément le glaçage. Décorer de copeaux de chocolat, si désiré. Servir à température ambiante pour que le glaçage soit brillant.

Préparation: 10 minutes
Cuisson: 20 minutes
Donne 10 portions.

GÂTEAU AU CHOCOLAT ET AUX NOIX

Notre gâteau au chocolat le plus tentant!

Ganache

½ tasse	de crème à 35 %	125 mL
2 c. à soupe	de beurre ou de margarine	30 mL
6	carrés de chocolat mi-amer BAKER'S, chacun coupé en deux	6

Gâteau au chocolat

½ tasse	de noix de macadamia, de noix du Brésil ou de noisettes	125 mL
¼ tasse	de beurre ou de margarine	50 mL
½ tasse	de sucre	125 mL
4	œufs, séparés	4
6	carrés de chocolat mi-amer BAKER'S, hachés	6
¼ tasse	de crème sure	50 mL
1 c. à thé	de vanille	5 mL
	Noix de macadamia enrobées de chocolat	

Ganache:

◆ Dans une casserole, faire chauffer la crème et le beurre à feu doux, jusqu'à ce que le beurre soit fondu.

◆ Ajouter le chocolat et bien remuer jusqu'à ce que le mélange soit lisse. Réfrigérer jusqu'à ce qu'il soit facile à étaler.

Gâteau au chocolat:

◆ Préchauffer le four à 300 °F (150 °C).

◆ Moudre grossièrement les noix au robot culinaire; réserver.

◆ À feu modéré, porter le beurre et le sucre à ébullition; laisser bouillir 1 minute.

◆ Mettre dans le bol du robot culinaire et mélanger avec les jaunes d'œufs. Ajouter le chocolat; mélanger jusqu'à ce que le chocolat soit fondu. Bien incorporer la crème sure, la vanille et les noix.

◆ Battre les blancs d'œufs jusqu'à ce qu'ils forment des pics mous. Incorporer très délicatement ¼ des blancs d'œufs au mélange au chocolat. Incorporer ensuite le reste des blancs d'œufs.

◆ Verser la pâte dans un moule à charnière de 8½ po (22 cm) de diamètre, graissé et fariné.

◆ Faire cuire au four de 45 à 50 minutes ou jusqu'à ce qu'un cure-dents inséré au centre en ressorte propre. Laisser refroidir.

◆ Décorer de ganache et de noix enrobées de chocolat.

Préparation: 30 minutes
Cuisson: 50 minutes
Donne 10 à 12 portions.

GÂTEAU DE PÂQUES

Gâteau

1½ tasse	de farine tout usage	375 mL
1⅓ tasse	de sucre	325 mL
1 c. à thé	de bicarbonate de soude	5 mL
¾ c. à thé	de sel	3 mL
½ tasse	de beurre ou de margarine, ramolli	125 mL
1 tasse	de lait	250 mL
1 c. à thé	de vanille	5 mL
2	œufs	2
3	carrés de chocolat non sucré BAKER'S, fondus et refroidis	3

Glaçage

2	blancs d'œufs	2
1½ tasse	de sucre	375 mL
1	pincée de sel	1
½ tasse	d'eau	125 mL
1 c. à soupe	de sirop de maïs	15 mL
1 c. à thé	de vanille	5 mL

Noix de coco au chocolat

3 tasses	de noix de coco BAKER'S ANGEL FLAKE	750 mL
2	carrés de chocolat mi-sucré BAKER'S, fondus et refroidis	2

Noix de coco rose

¼ tasse	de noix de coco BAKER'S ANGEL FLAKE	50 mL
	Une goutte de colorant alimentaire rouge	

Noix de coco blanche

1 tasse	de noix de coco BAKER'S ANGEL FLAKE	250 mL
	Bonbons assortis	

Gâteau :

◆ Préchauffer le four à 350 °F (180 °C).

◆ Dans un bol, mélanger la farine, le sucre, le bicarbonate de soude et le sel.

◆ Battre le beurre en crème. Ajouter les ingrédients secs, le lait et la vanille. Battre 2 minutes au batteur électrique, à vitesse moyenne.

◆ Ajouter les œufs et le chocolat. Battre 1 minute.

◆ Répartir la pâte entre 2 moules à gâteau de 9 po (23 cm) de diamètre, graissés et farinés. Faire cuire au four de 30 à 35 minutes ou jusqu'à ce qu'un cure-dents inséré au centre en ressorte propre. Laisser refroidir dans les moules, 10 minutes. Démouler sur des grilles et laisser refroidir complètement.

◆ Couper le gâteau d'après l'illustration. Disposer dans un grand plateau ou une plaque à biscuits.

Glaçage :

◆ Mélanger les blancs d'œufs, le sucre, le sel, l'eau et le sirop de maïs dans la partie supérieure d'un bain-marie ou dans un bol résistant à la chaleur.

◆ Au batteur électrique, à vitesse lente, battre 1 minute. Placer sur un récipient d'eau très chaude et battre constamment, à vitesse élevée, 7 minutes ou jusqu'à la formation de pics fermes. Retirer de la source de chaleur.

◆ Ajouter la vanille et battre 1 minute ou jusqu'à ce que le glaçage soit assez épais pour s'étaler facilement.

Noix de coco au chocolat :

◆ Mélanger la noix de coco et le chocolat fondu ; frotter avec les mains pour répartir uniformément le chocolat.

Noix de coco rose :

◆ Mélanger la noix de coco et le colorant ; frotter avec les mains pour répartir uniformément la couleur.

Assemblage du gâteau :

◆ Mettre un peu de glaçage entre les morceaux de gâteau pour les assembler. Glacer le dessus et le tour du gâteau pour le recouvrir entièrement et pour arrondir les angles.

◆ Parsemer de noix de coco au chocolat pour le corps, de noix de coco rose pour l'intérieur des oreilles et de noix de coco blanche pour le nœud papillon. Décorer de bonbons assortis pour faire les yeux, le nœud papillon et les moustaches.

Préparation : 1 heure
Cuisson : 35 minutes
Donne 12 portions.

1

Couper un gâteau rond
pour faire les oreilles et le nœud
papillon.

2

Disposer les morceaux de
gâteau de façon à former
un lapin.

3

Glacer le gâteau de façon à
assembler tous les morceaux.

4

Parsemer de noix de coco.

5

Décorer de bonbons.

GÂTEAU NOUNOURS

Gâteau

	Se reporter à la recette du Gâteau de Pâques (page 102)	
6	guimauves Kraft	6

Glaçage

2	blancs d'œufs	2
1½ tasse	de sucre	375 mL
1	pincée de sel	1
½ tasse	d'eau	125 mL
1 c. à soupe	de sirop de maïs	15 mL
1¼ c. à thé	de vanille	6 mL

Noix de coco au chocolat

2¼ tasses	de noix de coco BAKER'S ANGEL FLAKE	550 mL
2	carrés de chocolat mi-sucré BAKER'S, fondus et refroidis	2

Décorations

½ tasse	de noix de coco BAKER'S ANGEL FLAKE	125 mL
	Bonbons assortis	
2	gaufrettes au chocolat	2

Gâteau :

◆ Préparer la pâte selon la recette du gâteau de Pâques. La répartir ensuite entre un moule rond de 8 po (20 cm) de diamètre et un moule carré de 9 po (23 cm).

◆ Couper le gâteau d'après l'illustration. Disposer dans un grand plateau. Ajouter 4 guimauves pour les pattes.

Glaçage :

◆ Mélanger les blancs d'œufs, le sucre, le sel, l'eau et le sirop de maïs dans la partie supérieure d'un bain-marie ou dans un bol résistant à la chaleur.

◆ Au batteur électrique, à vitesse lente, battre 1 minute. Placer sur un récipient d'eau très chaude et battre constamment à vitesse élevée, 7 minutes ou jusqu'à la formation de pics fermes. Retirer de la source de chaleur.

◆ Ajouter la vanille et battre 1 minute ou jusqu'à ce que le glaçage soit assez épais pour pouvoir s'étaler facilement.

Noix de coco au chocolat :

◆ Mélanger la noix de coco et le chocolat fondu ; frotter avec les mains pour répartir uniformément le chocolat.

Assemblage du gâteau :

◆ Mettre un peu de glaçage entre les morceaux de gâteau pour les assembler. Glacer le dessus et les bords pour recouvrir entièrement le gâteau et arrondir les angles.

◆ Parsemer le visage, le ventre et les pattes de noix de coco blanche, et le reste de noix de coco au chocolat.

◆ Décorer de bonbons assortis pour faire la figure et les boutons, et de gaufrettes au chocolat soutenues par une guimauve pour chaque oreille.

Préparation : 1 heure
Cuisson : 35 minutes
Donne 12 portions.

Œufs de Pâques

Faites vos propres œufs de Pâques.

1 paquet (4 portions)	de pouding instantané JELL-O, de la saveur de votre choix	1 paquet (4 portions)
⅓ tasse	d'eau bouillante	75 mL
⅓ tasse	de beurre ou de margarine	75 mL
3 tasses	de sucre à glacer, tamisé	750 mL
6	carrés de chocolat blanc BAKER'S	6
6	carrés de chocolat mi-sucré BAKER'S	6
	Décorations de couleur	

◆ Dans un grand bol, mélanger le pouding, l'eau et le beurre jusqu'à ce que la préparation soit lisse.

◆ Ajouter le sucre à glacer, une tasse à la fois, en remuant jusqu'à ce que le mélange forme une boule. Façonner en forme d'œuf de 1½ po (3 cm) de diamètre. Réfrigérer.

◆ Faire fondre partiellement chaque sorte de chocolat séparément dans un bol placé sur un récipient d'eau très chaude. Retirer de la source de chaleur et continuer à remuer jusqu'à ce que le chocolat soit fondu et lisse. Tremper les œufs dans le chocolat. Décorer avec le chocolat fondu qui reste et avec les décorations.

Préparation : 30 minutes plus la réfrigération
Donne 2 douzaines d'œufs.

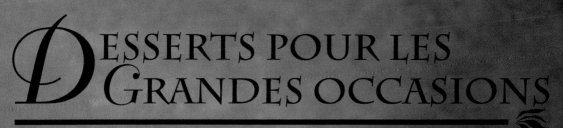

FONDUE AU CHOCOLAT MI-AMER

Un dessert simple à préparer,
que les parents et les amis adoreront.

6	carrés de chocolat mi-amer BAKER'S	6
⅓ tasse	de crème à 18 %	75 mL
3 c. à soupe	de liqueur fine, de brandy ou de rhum (facultatif)	45 mL
	Morceaux de fruits frais variés ou cubes de gâteau	

◆ Faire chauffer le chocolat et la crème à feu doux, ou au micro-ondes à intensité MOYENNE, de 2 à 3 minutes ; remuer jusqu'à ce que le mélange soit lisse.

◆ Incorporer la liqueur ou la remplacer par 3 c. à soupe (45 mL) de crème.

◆ Verser dans un plat de présentation ou dans un plat à fondue au chocolat. Servir chaud avec les fruits frais.

◆ Pour une fondue au chocolat blanc, utiliser 6 carrés de chocolat blanc Baker's, 3 c. à soupe (45 mL) de crème à 35 % et 2 c. à soupe (30 mL) de liqueur d'orange. Procéder comme ci-dessus.

Préparation : 15 minutes
Donne 4 portions.

TARTE AU CHOCOLAT ET À LA CRÈME GLACÉE

Comme celle de la crémerie... mais préparée à la maison!

Croûte

1½ tasse	de chapelure de gaufrettes au chocolat	375 mL
⅓ tasse	de beurre ou de margarine, fondu	75 mL
4 à 6 tasses	de crème glacée à la vanille, ramollie	1 à 1,5 L

Garniture

½ tasse	de beurre ou de margarine, ramolli	125 mL
¼ tasse	de sucre	50 mL
4	carrés de chocolat mi-sucré BAKER'S, fondus et refroidis	4
1½ c. à thé	de vanille	7 mL
2	œufs	2
	Copeaux de chocolat (facultatif)	

Croûte :

◆ Bien mélanger la chapelure et le beurre fondu. Presser dans un moule à tarte de 9 po (23 cm) de diamètre. Étaler la crème glacée au fond et sur les côtés de la croûte, en laissant une cavité au centre.

◆ Congeler jusqu'à ce que le tout soit ferme.

Garniture :

◆ Battre le beurre en crème. Ajouter graduellement le sucre en battant bien après chaque addition. Au batteur électrique, battre 3 minutes à vitesse moyenne. Bien incorporer le chocolat et la vanille.

◆ Ajouter les œufs un à la fois, en battant 2 minutes à vitesse moyenne après chaque addition. Déposer le mélange au milieu de la couche de crème glacée; congeler jusqu'à ce que le mélange soit ferme, environ 3 heures.

◆ Décorer des copeaux de chocolat, si désiré.

◆ Avant de servir, sortir du congélateur et plonger le moule dans de l'eau chaude pendant environ 1 minute pour détacher la croûte des parois. Laisser reposer 15 minutes à température ambiante avant de servir. Conserver les restes de tarte au congélateur.

Préparation : 20 minutes plus la congélation
Donne 8 portions.

TARTE AU CHOCOLAT À LA FRANÇAISE

½ tasse	de beurre ou de margarine	125 mL
¾ tasse	de sucre	175 mL
2	carrés de chocolat non sucré BAKER'S, fondus et refroidis	2
2	œufs	2
1 (500 mL)	contenant de garniture fouettée COOL WHIP, dégelée	1 (500 mL)
1	croûte de tarte de 9 po (23 cm) de diamètre, cuite et refroidie	1
	Feuilles en chocolat (facultatif)	

◆ Battre en crème le beurre et le sucre. Incorporer le chocolat.

◆ Ajouter les œufs un à la fois et mélanger au batteur électrique, à vitesse élevée, pendant 5 minutes après chaque addition.

◆ Incorporer très délicatement la préparation au chocolat à la crème fouettée. Verser dans la croûte.

◆ Réfrigérer au moins 2 heures. Décorer de feuilles en chocolat, si désiré.

Préparation : 15 minutes plus la réfrigération
Donne 8 portions.

1

Arroser l'intérieur d'un bol de chocolat fondu.

2

Déposer la mousse blanche dans le bol. Congeler.

3

Déposer la mousse foncée sur la mousse blanche. Congeler.

BOMBE AUX DEUX CHOCOLATS

Une superbe bombe glacée au chocolat blanc
et au chocolat noir, qui se prépare à l'avance!

Mousse blanche

1	carré de chocolat mi-sucré BAKER'S, fondu	1
1 sachet (7 g)	de gélatine sans saveur	1 sachet (7 g)
⅔ tasse	de crème à 35 %	150 mL
6	carrés de chocolat blanc BAKER'S, hachés	6
2 c. à soupe	de beurre ou de margarine	30 mL
2	œufs, séparés	2
¼ tasse	de sucre	50 mL

Mousse foncée

⅓ tasse	de crème à 35 %	75 mL
5	carrés de chocolat mi-sucré BAKER'S, hachés	5
2 c. à soupe	de beurre ou de margarine	30 mL
2	œufs, séparés	2
¼ tasse	de sucre	50 mL

◆ Recouvrir d'une pellicule de plastique l'intérieur d'un bol d'une capacité de 6 tasses (1,5 L), puis en arroser l'intérieur de chocolat fondu; congeler.

Mousse blanche :

◆ Verser la crème dans une casserole et la saupoudrer de gélatine. Laisser reposer 5 minutes. Porter à ébullition; retirer du feu. Ajouter le chocolat blanc et le beurre; remuer jusqu'à ce qu'ils soient fondus. Incorporer aux jaunes d'œufs.

◆ Battre les blancs d'œufs jusqu'à ce qu'ils soient mousseux; ajouter graduellement le sucre et battre en neige ferme. Incorporer très délicatement à la préparation au chocolat; verser dans le bol garni de chocolat. Congeler 30 minutes.

Mousse foncée :

◆ Préparer la mousse foncée en suivant les mêmes indications que pour la mousse blanche, mais en omettant l'étape de la gélatine.

◆ Verser dans le bol, sur la préparation au chocolat blanc. Lisser la surface avec un couteau ou une spatule.

◆ Congeler jusqu'à ce que la bombe soit ferme, au moins 8 heures. Démouler sur une assiette de présentation et retirer la pellicule de plastique.

Préparation : 30 minutes plus la congélation
Donne 8 à 10 portions.

4

Démouler sur une assiette de service.

5

Retirer la pellicule de plastique.

TIRAMISU GLACÉ

1 (298 g)	gâteau quatre-quarts congelé, partiellement dégelé et tranché	1 (298 g)	
3 c. à soupe	de rhum foncé	45 mL	
2 c. à soupe	de liqueur de café	30 mL	
2	œufs, à température ambiante	2	
½ tasse	de sucre	125 mL	
½ c. à thé	de vanille	2 mL	
2 paquets (250 g *chacun*)	de fromage à la crème de MARQUE PHILADELPHIA, ramolli	2 paquets (250 g *chacun*)	
1	blanc d'œuf, à température ambiante	1	
3	carrés de chocolat mi-sucré BAKER'S, râpés	3	
1 (500 mL)	contenant de crème glacée au café, ramollie	1 (500 mL)	

◆ Faire griller les tranches de gâteau sur une plaque à biscuits, dans un four à 350 °F (180 °C), jusqu'à ce qu'elles soient dorées et sèches. Mélanger le rhum et la liqueur ; en badigeonner les deux côtés des tranches ; laisser refroidir sur une grille.

◆ Recouvrir l'intérieur de 2 moules à pain de 9 po sur 5 po (23 cm sur 13 cm) d'une pellicule de plastique.

◆ Battre les œufs et le sucre en un mélange épais et très pâle, puis bien y incorporer la vanille et le fromage.

◆ Battre le blanc d'œuf en pics mous et incorporer délicatement à la préparation au fromage. Verser le mélange dans un des moules. Faire prendre au congélateur, environ 3 heures.

◆ Tapisser le fond de l'*autre* moule de tranches de gâteau, en les faisant se chevaucher légèrement. Tasser la moitié du mélange au fromage congelé dessus ; lisser la surface. Parsemer de la moitié du chocolat râpé.

◆ Recouvrir de tranches de gâteau, en les faisant se chevaucher, pour couvrir complètement le chocolat. Tasser la crème glacée dessus ; lisser la surface. Parsemer du reste du chocolat râpé.

◆ Disposer une troisième rangée de tranches de gâteau en les faisant se chevaucher. Couvrir du reste de la préparation au fromage. Recouvrir d'une dernière rangée de gâteau ; presser fermement sur le tiramisu. Couvrir d'une pellicule de plastique et congeler jusqu'au lendemain.

◆ Démouler et retirer la pellicule de plastique. Servir avec une sauce au chocolat rehaussée de rhum ou de liqueur de café, si désiré.

Préparation : 45 minutes
Congélation : 3 heures plus une nuit
Donne 8 portions.

GÂTEAU AU FUDGE

Un filet de fromage à la crème rehausse ce délicieux gâteau au chocolat.

Garniture

1 paquet (250 g)	de fromage à la crème de MARQUE PHILADELPHIA, ramolli	1 paquet (250 g)
¼ tasse	de sucre	50 mL
1	œuf	1
½ c. à thé	de vanille	2 mL

Gâteau

1 tasse	de farine tout usage	250 mL
1⅓ tasse	de sucre	325 mL
1¼ c. à thé	de poudre à pâte	6 mL
½ c. à thé	de sel	2 mL
¼ c. à thé	de bicarbonate de soude	1 mL
1 tasse	de lait	250 mL
3 c. à soupe	de beurre ou de margarine	45 mL
1	œuf	1
½ c. à thé	de vanille	2 mL
3	carrés de chocolat non sucré BAKER'S, fondus et refroidis	3

Glaçage

3	carrés de chocolat mi-sucré BAKER'S	3
1 c. à soupe	de beurre ou de margarine	15 mL
1 c. à soupe	d'eau	15 mL
½ c. à thé	d'huile végétale	2 mL

Garniture :

◆ Battre le fromage, le sucre, l'œuf et la vanille en un mélange lisse. Réserver.

Gâteau :

◆ Préchauffer le four à 350 °F (180 °C).

◆ Au batteur électrique, mélanger tous les ingrédients du gâteau 30 secondes à basse vitesse, puis 2 minutes à vitesse moyenne.

◆ Verser la moitié de la pâte dans un moule carré de 9 po (23 cm), graissé. Couvrir de la préparation au fromage, puis du reste de la pâte.

◆ Faire cuire au four de 50 à 55 minutes ou jusqu'à ce qu'un cure-dents inséré au centre en ressorte propre. Laisser refroidir.

Glaçage :

◆ Faire chauffer tous les ingrédients à feu doux; remuer jusqu'à ce que le mélange soit lisse. Étaler sur le gâteau.

Préparation : 40 minutes
Cuisson : 55 minutes
Donne 9 portions.

FLAN À LA MOUSSE AU CHOCOLAT MI-AMER

Un délicieux flan au chocolat se cache sous une mousse succulente.

Croûte

1 tasse	de farine tout usage	250 mL
2 c. à soupe	de sucre à glacer	30 mL
2	carrés de chocolat mi-amer BAKER'S, fondus	2
½ tasse	de beurre, ramolli	125 mL

Garniture

⅓ tasse	de crème à 35 %	75 mL
5	carrés de chocolat mi-amer BAKER'S, hachés	5
2 c. à soupe	de beurre	30 mL
2	œufs, séparés	2
¼ tasse	de sucre	50 mL

Décoration

3	carrés de chocolat mi-amer BAKER'S, râpés grossièrement	3
	Sucre à glacer	

Croûte :

◆ Mélanger la farine, le sucre et le chocolat. Incorporer le beurre en le coupant, jusqu'à ce que la préparation soit grumeleuse ; façonner en boule. (Il est possible d'utiliser un robot culinaire.)

◆ Presser au fond et sur les côtés d'un moule à flan à fond amovible de 9½ po (24 cm) de diamètre. Réfrigérer 1 heure.

◆ Préchauffer le four à 425 °F (220 °C). Faire cuire au four 10 minutes ; laisser refroidir.

Garniture :

◆ Porter la crème à ébullition. Ajouter le chocolat et le beurre ; remuer jusqu'à ce qu'ils soient fondus. Incorporer les jaunes d'œufs ; retirer du feu.

◆ Battre les blancs d'œufs jusqu'à ce qu'ils soient mousseux ; ajouter graduellement le sucre et battre en neige ferme. Incorporer très délicatement à la préparation au chocolat ; verser dans la croûte. Réfrigérer 5 minutes.

Décoration :

◆ Parsemer le chocolat râpé sur la mousse. Réfrigérer 3 heures.

◆ Avant de servir, à 1 po (2,5 cm) d'intervalle, disposer sur le flan des bandes de papier ciré de 1 po (2,5 cm) de large. Saupoudrer généreusement de sucre à glacer. Retirer les bandes de papier.

Préparation : 40 minutes plus la réfrigération
Cuisson : 10 minutes
Donne 12 portions.

1

Tremper l'extrémité des ballons dans le chocolat.

2

Étaler le chocolat uniformément sur la surface.

3

Déposer sur une plaque à biscuits et congeler jusqu'à ce que le chocolat soit dur.

MOUSSE AU CHOCOLAT MI-AMER

6	carrés de chocolat mi-amer BAKER'S, fondus et refroidis	6
3	œufs	3
2 c. à soupe	de liqueur de café	30 mL
3 c. à soupe	de sucre à glacer, tamisé	45 mL
1 tasse	de crème à 35 %, fouettée	250 mL

◆ Bien mélanger le chocolat, 1 œuf entier et 2 jaunes d'œufs. Incorporer la liqueur.

◆ Battre 2 blancs d'œufs jusqu'à ce qu'ils soient mousseux. Ajouter le sucre à glacer et battre jusqu'à la formation de pics fermes et brillants.

◆ Incorporer très délicatement la crème fouettée aux blancs d'œufs. Toujours très délicatement, incorporer la préparation au chocolat.

◆ Verser dans des Coupes en chocolat ou dans des bols individuels. Réfrigérer 3 heures.

*Préparation : 20 minutes plus la réfrigération
Donne 4 à 6 portions.*

COUPES EN CHOCOLAT

Voici une bonne façon d'impressionner vos invités !

6	carrés de chocolat mi-amer BAKER'S, partiellement fondus	6
4	petits ballons	4

◆ Souffler les ballons à la grosseur désirée pour les coupes.

◆ Tremper l'extrémité ronde de chaque ballon dans le chocolat. Étaler uniformément le chocolat sur la surface du ballon pour donner la forme d'une coupe.

◆ Déposer l'extrémité en chocolat sur une plaque à biscuits recouverte de papier ciré.

◆ Congeler 20 minutes.

◆ Laisser à température ambiante 5 minutes. Crever les ballons ; les retirer avec soin.

◆ Remplir de mousse au chocolat.

*Préparation : 15 minutes plus la congélation
Donne 4 ballons.*

Crever les ballons et les retirer avec soin.

Remplir de mousse au chocolat.

GÂTEAU À LA MOUSSE À L'ORANGE ET AU CHOCOLAT BLANC

Une fin élégante pour un repas spécial!

Croûte

¾ tasse	de chapelure de graham	175 mL
2 c. à soupe	de sucre	30 mL
¼ tasse	de beurre ou de margarine, fondu	50 mL
1 c. à thé	de zeste d'orange râpé	5 mL

Mousse

1 sachet (7 g)	de gélatine sans saveur	1 sachet (7 g)
1 tasse	de jus d'orange	250 mL
6	carrés de chocolat blanc BAKER'S, fondus et refroidis	6
1 tasse	de crème à 35 %, fouettée	250 mL
3	blancs d'œufs	3

Écorce d'orange confite (facultatif)

3	oranges	3
1 tasse	de sucre	250 mL
1½ tasse	d'eau, divisée	375 mL

Croûte :

◆ Graisser et garnir de papier ciré les parois d'un moule à charnière de 8½ po (22 cm) de diamètre.

◆ Mélanger la chapelure, le sucre, le beurre et le zeste d'orange, et presser au fond du moule préparé ; réfrigérer.

Mousse :

◆ Verser le jus d'orange dans une casserole et le saupoudrer de gélatine. Laisser reposer 5 minutes pour ramollir. Faire chauffer le mélange à feu doux, en remuant jusqu'à ce que la gélatine soit dissoute ; laisser refroidir.

◆ Incorporer très délicatement le chocolat à la crème fouettée. Incorporer graduellement le mélange liquide en remuant jusqu'à ce que la consistance soit lisse.

◆ Battre les blancs d'œufs en neige ferme ; incorporer très délicatement à la préparation au chocolat. Verser la préparation sur la croûte. Réfrigérer 3 heures ou jusqu'à ce que la mousse soit prise.

◆ Décorer d'écorce d'orange confite, si désiré.

Préparation : 30 minutes plus la réfrigération Donne 16 portions.

Écorce d'orange confite :

◆ Couper l'écorce des oranges en fines lanières, et en retirer toute la partie blanche sous le zeste. Faire bouillir l'écorce dans 1 tasse (250 mL) d'eau pendant 3 minutes.

◆ Égoutter et jeter l'eau. Porter à ébullition le sucre et le reste de l'eau.

◆ Ajouter l'écorce et laisser bouillir 5 minutes ; égoutter. Laisser refroidir sur une grille.

GÂTEAU AUX CAROTTES ET AU CHOCOLAT

Une véritable recette pour la postérité!

Gâteau

4	œufs	4
2 tasses	de sucre	500 mL
1 tasse	d'huile végétale	250 mL
4	carrés de chocolat non sucré BAKER'S, fondus	4
2 tasses	de farine tout usage	500 mL
2 c. à thé	de poudre à pâte	10 mL
1 c. à thé	de bicarbonate de soude	5 mL
1 c. à soupe	de cannelle	15 mL
1	pincée de clou de girofle et de muscade	1
½ c. à thé	de sel	2 mL
2 tasses	de carottes râpées	500 mL
1 boîte (19 oz)	d'ananas broyés, bien égouttés	1 boîte (540 mL)
1 c. à thé	de vanille	5 mL
½ tasse	de noix de Grenoble ou de pacanes, hachées	125 mL

Glaçage

6	carrés de chocolat mi-sucré BAKER'S, hachés	6
3 c. à soupe	d'eau	45 mL
1 paquet (250 g)	de fromage à la crème de MARQUE PHILADELPHIA, ramolli	1 paquet (250 g)
1 c. à thé	de vanille	5 mL
1½ tasse	de sucre à glacer, tamisé	375 mL

Gâteau :

◆ Préchauffer le four à 350 °F (180 °C).

◆ Battre les œufs jusqu'à ce qu'ils soient mousseux. Ajouter graduellement le sucre, l'huile et le chocolat fondu; battre jusqu'à ce que le mélange soit léger.

◆ Mélanger les ingrédients secs. Bien les incorporer à la préparation au chocolat.

◆ Incorporer délicatement le reste des ingrédients. Verser dans un moule à cheminée de 10 po (25 cm) de diamètre, graissé et fariné.

◆ Faire cuire au four 50 minutes ou jusqu'à ce qu'un cure-dents inséré au centre en ressorte propre. Démouler sur une grille et laisser refroidir.

Glaçage :

◆ Faire chauffer le chocolat et l'eau à feu doux ou au micro-ondes à HAUTE intensité, 2 minutes. Remuer jusqu'à ce que le chocolat soit complètement fondu et lisse.

◆ Battre le fromage à la crème et la vanille. Sans cesser de battre, ajouter le chocolat fondu. Ajouter graduellement le sucre à glacer, en battant jusqu'à ce que la consistance soit lisse. Étaler sur le gâteau.

Préparation : 20 minutes
Cuisson : 50 minutes
Donne 12 portions.

GÂTEAU DE LA FORÊT-NOIRE

Le chocolat et les cerises, une tradition allemande.

Gâteau

4	carrés de chocolat sucré BAKER'S	4
⅓ tasse	d'eau	75 mL
¾ tasse	de beurre ou de margarine, ramolli	175 mL
1⅓ tasse	de sucre	325 mL
3	œufs, séparés	3
¾ c. à thé	de vanille	3 mL
1¾ tasse	de farine tout usage	425 mL
¼ c. à thé	de sel	1 mL
¾ c. à thé	de bicarbonate de soude	3 mL
¾ tasse	de babeurre ou de lait sur *	175 mL

Glaçage

⅓ tasse	de liqueur de cerise (facultatif)	75 mL
1 boîte (14 oz)	de griottes (cerises acides), dénoyautées	1 boîte (398 mL)
2 c. à soupe	de fécule de maïs	30 mL
3 tasses	de crème à 35 %	750 mL
3 c. à soupe	de sucre	45 mL
2 c. à thé	de vanille	10 mL
4	carrés de chocolat sucré BAKER'S, râpés	4
	Cerises au marasquin	

* Pour faire surir le lait, verser 2 c. à thé (10 mL) de vinaigre dans une tasse à mesurer ; ajouter assez de lait pour obtenir ¾ tasse (175 mL) de liquide.

Gâteau :

◆ Préchauffer le four à 350 °F (180 °C).

◆ Dans une petite casserole, faire chauffer le chocolat et l'eau à feu doux ou au micro-ondes à intensité MOYENNE, pendant 2 minutes. Remuer jusqu'à ce que la consistance soit lisse ; laisser refroidir.

◆ Battre le beurre et le sucre jusqu'à ce que le mélange soit léger et mousseux. Ajouter les jaunes d'œufs un à la fois, en battant après chaque addition. Bien incorporer la vanille et le chocolat fondu.

◆ Mélanger la farine, le sel et le bicarbonate de soude.

◆ Au batteur électrique, à vitesse lente, incorporer les ingrédients secs et le lait sur, un tiers à la fois et en alternant.

◆ Battre les blancs d'œufs en neige ferme. Incorporer très délicatement à la pâte à gâteau. Verser la pâte dans 2 moules de 9 po (23 cm) de diamètre, graissés et farinés. Faire cuire au four 30 minutes ou jusqu'à ce que le gâteau reprenne sa forme après avoir exercé une légère pression sur le dessus. Laisser refroidir.

Garniture et glaçage :

◆ Couper chaque gâteau en deux, horizontalement. Badigeonner les surfaces coupées de liqueur de cerise. Égoutter les griottes et réserver le sirop. Couper les griottes en deux. Mélanger le sirop réservé et la fécule de maïs. Porter à ébullition à feu moyen et laisser bouillir 1 minute sans cesser de remuer. Incorporer les griottes. Réfrigérer.

◆ Fouetter en neige ferme la crème avec le sucre et la vanille.

◆ Étaler la moitié de la garniture aux griottes sur un premier fond de gâteau. Poser un deuxième fond dessus et y étaler 1 tasse (250 mL) de crème fouettée. Poser un troisième fond dessus et y étaler le reste de la garniture aux griottes. Poser le quatrième fond. Recouvrir tout le gâteau avec le reste de la crème fouettée. Décorer le tour de chocolat râpé et le dessus, de cerises au marasquin.

Préparation : 60 minutes
Cuisson : 30 minutes
Donne 10 portions.

GÂTEAU AUX CERISES ET AU CHOCOLAT

Gâteau

4	carrés de chocolat non sucré BAKER'S	4
½ tasse	de beurre ou de margarine	125 mL
2 tasses	de sucre	500 mL
½ c. à thé	de vanille	2 mL
¼ c. à thé	de sel	1 mL
2	œufs	2
½ tasse	de crème sure	125 mL
1½ c. à thé	de bicarbonate de soude	7 mL
2 tasses	de farine tout usage	500 mL
1 tasse	d'eau bouillante	250 mL
	Sucre à glacer	
	Crème fouettée	

Sauce chaude aux cerises

1 boîte (14 oz)	de cerises douces foncées, dénoyautées	1 boîte (398 mL)
2 c. à soupe	de fécule de maïs	30 mL
2 c. à soupe	de sucre	30 mL
¼ tasse	d'eau	50 mL
¼ tasse	de vin de Bourgogne ou d'un autre vin rouge	50 mL

Gâteau :

◆ Préchauffer le four à 350 °F (180 °C).

◆ Faire fondre le chocolat et le beurre à feu doux; laisser refroidir. Ajouter le sucre, la vanille et le sel; bien mélanger.

◆ Ajouter les œufs un à la fois, en battant bien après chaque addition.

◆ Bien mélanger la crème sure avec le bicarbonate de soude. Au batteur électrique, incorporer à vitesse lente les ingrédients secs en alternant avec la crème sure, un tiers à la fois. Ajouter l'eau bouillante; bien mélanger. La pâte sera limpide. Déposer dans un moule à cheminée de 10 po (25 cm) de diamètre, graissé et fariné.

◆ Faire cuire au four de 45 à 50 minutes ou jusqu'à ce qu'un cure-dents inséré au centre en ressorte propre. Laisser refroidir sur une grille.

◆ Saupoudrer de sucre à glacer. Remplir le milieu du gâteau de crème fouettée.

Sauce chaude aux cerises :

◆ Égoutter les cerises en réservant le sirop.

◆ Dans une casserole, mélanger la fécule de maïs et le sucre. Ajouter graduellement le sirop réservé et l'eau.

◆ À feu modéré, porter à forte ébullition en remuant et laisser bouillir 1 minute. Incorporer les cerises et le vin.

◆ Garnir chaque tranche de gâteau d'une cuillerée de crème fouettée et napper d'une bonne cuillerée de sauce aux cerises. Conserver les restes de gâteau au réfrigérateur.

Préparation : 1 heure
Cuisson : 50 minutes
Donne 12 portions.

TARTE À LA MENTHE

Croûte au chocolat

6	carrés de chocolat mi-sucré BAKER'S, hachés	6
2 c. à soupe	de beurre ou de margarine	30 mL

Garniture

2 sachets	de garniture à desserts DREAM WHIP	2 sachets
1 paquet (85 g)	de poudre pour gelée JELL-O à la lime	1 paquet (85 g)
⅔ tasse	d'eau bouillante	150 mL
2 tasses	de glaçons	500 mL
2 c. à soupe	de liqueur de menthe	30 mL
1 c. à soupe	de liqueur de cacao blanche	15 mL
	Feuilles de menthe (facultatif)	

Croûte au chocolat :

◆ Faire fondre partiellement le chocolat et le beurre à feu doux.

◆ Recouvrir d'une pellicule de plastique l'intérieur d'un moule à tarte de 9 po (23 cm) de diamètre. Étaler la préparation au chocolat sur la pellicule de plastique. Réfrigérer jusqu'à ce que la croûte soit ferme, environ 1 heure.

◆ Retirer soigneusement la pellicule de plastique. Placer la croûte au chocolat dans le moule à tarte. Réfrigérer.

Garniture :

◆ Dissoudre complètement la poudre pour gelée dans l'eau bouillante. Ajouter les glaçons et remuer sans cesse jusqu'à ce que la gelée commence à épaissir, de 2 à 3 minutes environ. Jeter les glaçons non fondus. Incorporer les liqueurs.

◆ Ajouter la garniture à desserts préparée et battre au batteur électrique jusqu'à ce que la consistance soit lisse. Verser dans la croûte. Décorer de feuilles en chocolat ou de menthe, si désiré. Réfrigérer 3 heures.

*Préparation : 30 minutes plus la réfrigération
Donne 8 portions.*

CRÈME BRÛLÉE AU CHOCOLAT BLANC

Un dessert délicieux à servir avec des framboises fraîches.

5	jaunes d'œufs	5
½ tasse	de sucre, divisé	125 mL
2 tasses	de crème à 35 %	500 mL
3	carrés de chocolat blanc BAKER'S, hachés	3
¼ c. à thé	de vanille	1 mL
3	carrés de chocolat blanc BAKER'S, fondus	3

◆ Préchauffer le four à 300 °F (150 °C).

◆ Dans un bol de taille moyenne, fouetter les jaunes d'œufs avec ¼ de tasse (50 mL) de sucre.

◆ Dans une casserole de grandeur moyenne, à fond épais, faire frémir la crème et le reste du sucre. Baisser le feu à doux. Ajouter graduellement le chocolat haché et fouetter jusqu'à ce que la consistance soit lisse.

◆ En fouettant, ajouter graduellement la préparation au chocolat chaud au mélange aux jaunes d'œufs. Incorporer la vanille.

◆ Répartir la crème entre 6 ramequins de 6 oz (175 mL) chacun. Déposer les ramequins dans un grand moule. Verser de l'eau chaude dans le moule jusqu'à mi-hauteur des ramequins. Faire cuire au four jusqu'à ce que la crème soit prise au centre, environ 50 minutes. Retirer les ramequins de l'eau et laisser refroidir. Couvrir et réfrigérer jusqu'au lendemain.

◆ Décorer les crèmes de chocolat fondu.

Préparation : 10 minutes
Cuisson : 50 minutes
Donne 6 portions.

TARTE AUX PACANES AU CHOCOLAT

3	œufs	3
1 tasse	de sucre	250 mL
½ c. à thé	de sel	2 mL
⅓ tasse	de beurre fondu	75 mL
1 tasse	de sirop de maïs	250 mL
2	carrés de chocolat non sucré BAKER'S, fondus et refroidis	2
1 tasse	de pacanes en moitiés	250 mL
1 c. à thé	de vanille	5 mL
1	croûte à tarte de 9 po (23 cm) de diamètre, non cuite	1
	Crème fouettée (facultatif)	

◆ Préchauffer le four à 375 °F (190 °C).

◆ Bien mélanger les œufs, le sucre, le sel, le beurre et le sirop de maïs. Incorporer le chocolat, les pacanes et la vanille. Verser dans la croûte à tarte.

◆ Faire cuire au four de 50 à 60 minutes. Quand on bouge la tarte, le dessus devrait être encore mou et le centre, pas tout à fait pris. Laisser refroidir sur une grille. Servir avec de la crème fouettée, si désiré.

Préparation : 15 minutes
Cuisson : 1 heure
Donne 8 portions.

TIRAMISU

Une version des cuisines BAKER'S !

4	jaunes d'œufs	4
1 tasse	de sucre	250 mL
1 c. à t.	de vanille	5 mL
2 paquets (250 g *chacun*)	de fromage à la crème de MARQUE PHILADELPHIA, ramolli	2 paquets (250 g *chacun*)
¼ tasse	de café fort	50 mL
¼ tasse	de rhum foncé	50 mL
2 paquets (3 oz *chacun*)	de boudoirs mous, coupés dans le sens de la largeur	2 paquets (85 g *chacun*)
1 tasse	de crème à 35 %, fouettée	250 mL
8	carrés de chocolat mi-sucré BAKER'S, râpés grossièrement	8
	Fraises (facultatif)	

◆ Au robot culinaire muni de la lame d'acier ou dans un bol, mélanger les jaunes d'œufs, le sucre et la vanille jusqu'à ce le mélange soit jaune pâle, environ 2 minutes. Ajouter graduellement le fromage à la crème et battre jusqu'à ce que la consistance soit lisse. Réfrigérer 1 heure.

◆ Entre-temps, mélanger le café et le rhum ; en badigeonner les boudoirs.

◆ Incorporer très délicatement la crème fouettée à la préparation au fromage. Tapisser le fond d'un bol à bagatelle en verre, étroit et haut, du quart des boudoirs. Étaler le quart de la préparation au fromage sur les boudoirs ; parsemer du quart du chocolat râpé. Répéter ces couches trois fois. Couvrir serré ; réfrigérer 4 heures ou jusqu'au lendemain afin de permettre aux saveurs de bien se mélanger. Décorer de chocolat râpé et de fraises, si désiré.

Préparation : 30 minutes plus la réfrigération
Donne 10 à 12 portions.

Tarte aux pacanes au chocolat

GÂTEAU AUX TROIS CHOCOLATS

Mourir pour du chocolat!

Gâteau

1¾ tasse	de sucre	425 mL
1¾ tasse	de farine tout usage	425 mL
2 c. à thé	de bicarbonate de soude	10 mL
1 c. à thé	de poudre à pâte	5 mL
½ c. à thé	de sel	2 mL
5	carrés de chocolat non sucré BAKER'S, fondus	5
1 tasse	de café noir fort, tiède	250 mL
¾ tasse	de crème sure	175 mL
¼ tasse	d'huile végétale	50 mL
1 c. à thé	de vanille	5 mL

Garniture

6	carrés de chocolat blanc BAKER'S, hachés	6
¼ tasse	de beurre	50 mL
¼ tasse	de crème à 35 %	50 mL

Décoration

	Crème fouettée	
2	carrés de chocolat mi-amer BAKER'S, fondus	2

Gâteau :

◆ Préchauffer le four à 350 °F (180 °C).

◆ Dans un grand bol, mélanger tous les ingrédients du gâteau au batteur électrique, à grande vitesse, pendant 2 minutes.

◆ Verser dans un moule à charnière de 9 po (23 cm) de diamètre, graissé et fariné.

◆ Faire cuire au four de 45 à 50 minutes ou jusqu'à ce qu'un cure-dents inséré au centre en ressorte propre. Le gâteau creusera légèrement au centre.

◆ Laisser refroidir 10 minutes ; retirer la paroi du moule. À l'aide du manche d'une cuillère de bois, percer des trous profonds sur toute la surface du gâteau.

Garniture :

◆ Faire chauffer le chocolat blanc, le beurre et la crème à feu très doux. Remuer jusqu'à ce que la consistance soit lisse ; laisser refroidir légèrement.

◆ Verser la garniture dans les trous du gâteau ; réfrigérer.

◆ Au moment de servir, garnir de crème fouettée et de chocolat fondu. Décorer au goût.

Préparation : 20 minutes
Cuisson : 50 minutes
Donne 12 portions.

1

Battre ensemble tous les ingrédients du gâteau.

2

Verser la pâte dans le moule préparé.

3

Percer des trous profonds sur toute la surface du gâteau à l'aide du manche d'une cuillère de bois.

4

Préparer la garniture.

5

Verser la garniture dans
les trous.

6

Décorer de crème fouettée et
arroser de chocolat.

FANTAISIE AUX FRAMBOISES ET AUX TROIS CHOCOLATS

*Des couches alléchantes de brownie, de gâteau au fromage,
de framboises et de chocolat!*

Couche de brownie

3	carrés de chocolat non sucré BAKER'S	3
2	carrés de chocolat mi-amer BAKER'S	2
½ tasse	de beurre ou de margarine	125 mL
2	œufs	2
1¼ tasse	de cassonade tassée	300 mL
¾ tasse	de farine tout usage	175 mL
¼ c. à thé	de poudre à pâte	1 mL

Couche de chocolat blanc

1 paquet (250 g)	de fromage à la crème de MARQUE PHILADELPHIA, ramolli	1 paquet (250 g)
⅔ tasse	de sucre à glacer, tamisé	150 mL
2 c. à soupe	de liqueur de framboise (facultatif)	30 mL
3	carrés de chocolat blanc BAKER'S, fondus et refroidis	3
1	œuf	1

Garniture

½ tasse	de confiture de framboises	125 mL
½ tasse	de crème à 35 %	125 mL
4	carrés de chocolat mi-amer BAKER'S, hachés	4
	Copeaux de chocolat blanc et framboises	

Couche de brownie:

◆ Faire fondre les chocolats et le beurre à feu doux.

◆ Au batteur électrique, mélanger les œufs et le sucre à grande vitesse pendant 5 minutes ou jusqu'à ce que le mélange soit épais et jaune pâle. Incorporer très délicatement le chocolat fondu, la farine et la poudre à pâte.

◆ Verser dans un moule à tarte ou dans un moule à charnière de 10 po (25 cm) de diamètre, graissé et fariné.

Couche de chocolat blanc:

◆ Préchauffer le four à 325 °F (160 °C).

◆ Dans un bol de taille moyenne, mélanger au batteur électrique le fromage à la crème, le sucre à glacer, la liqueur, le chocolat et l'œuf jusqu'à ce que le mélange soit homogène et lisse.

◆ Déposer au hasard des cuillerées du mélange blanc sur la couche de brownie, en laissant un espace entre chaque cuillerée.

◆ Faire cuire au four de 45 à 55 minutes, jusqu'à ce qu'un cure-dents inséré au centre en ressorte presque propre. Laisser refroidir.

Garniture:

◆ Étaler uniformément la confiture sur toute la tarte.

◆ Faire chauffer la crème et le chocolat à feu doux ou au micro-ondes à intensité MOYENNE de 3 à 4 minutes; remuer jusqu'à ce que le mélange soit lisse.

◆ Étaler uniformément sur la tarte. Réfrigérer pour faire prendre la glace. Décorer de copeaux de chocolat blanc et de framboises.

*Préparation: 40 minutes plus la réfrigération
Cuisson: 55 minutes
Donne environ 12 portions.*

Shortcake aux fraises au chocolat

Le chocolat et les fraises... quel caprice!

Gâteau

1½ tasse	de farine tout usage	375 mL
½ c. à thé	de bicarbonate de soude	2 mL
½ c. à thé	de sel	2 mL
1 c. à soupe	de poudre à pâte	15 mL
½ tasse	de sucre	125 mL
⅓ tasse	de beurre ou de margarine	75 mL
1 tasse	de lait sur *	250 mL
2	carrés de chocolat non sucré BAKER'S, fondus et refroidis	2
2 c. à soupe	de sucre	30 mL
1 c. à soupe	de cassonade tassée	15 mL
2 c. à soupe	de liqueur ou de jus d'orange	30 mL

Garniture

3	carrés de chocolat mi-sucré BAKER'S	3
1 c. à soupe	de beurre ou de margarine	15 mL
1 pinte	de fraises	1 L
1 (1 L)	contenant de garniture fouettée COOL WHIP, dégelée	1 (1 L)

* Pour faire surir le lait, verser 1 c. à soupe (15 mL) de vinaigre dans une tasse à mesurer et ajouter assez de lait pour obtenir 1 tasse (250 mL) de liquide.

Gâteau :

◆ Préchauffer le four à 400 °F (200 °C).

◆ Mélanger la farine, le bicarbonate de soude, le sel, la poudre à pâte et ½ tasse (125 mL) de sucre. Incorporer le beurre au mélange en le coupant, jusqu'à ce que la texture soit grumeleuse. Bien incorporer le lait et le chocolat.

◆ Étaler dans 2 moules à gâteau de 9 po (23 cm) de diamètre, graissés et farinés.

◆ Mélanger 2 c. à soupe (30 mL) de sucre et la cassonade; en parsemer les deux gâteaux. Faire cuire au four de 10 à 12 minutes ou jusqu'à ce que les gâteaux commencent à se détacher des parois des moules. Laisser refroidir.

◆ Badigeonner chaque gâteau avec 1 c. à soupe (15 mL) de liqueur.

Garniture :

◆ Faire fondre le chocolat et le beurre à feu doux.

◆ Laver et bien essuyer les fraises. Pour décorer le dessus du gâteau, tremper le bout de 10 fraises entières dans le chocolat. Déposer sur du papier ciré. Réfrigérer jusqu'à ce que le chocolat soit ferme. Équeuter et trancher le reste des fraises.

Assemblage du gâteau :

◆ Placer un gâteau sur une assiette de présentation, le couvrir des fraises tranchées et de la moitié de la garniture fouettée.

◆ Poser le deuxième gâteau par-dessus et le couvrir du reste de la garniture fouettée et des fraises entières enrobées. Arroser du reste de chocolat fondu. Réfrigérer.

Préparation : 40 minutes
Cuisson : 12 minutes
Donne 12 portions.

MOUSSE AU CHOCOLAT BLANC

6	carrés de chocolat blanc BAKER'S, hachés	6	
2 tasses	de crème à 35 %	500 mL	
1 c. à thé	de vanille	5 mL	
	Framboises fraîches		

◆ Faire fondre le chocolat et la crème à feu doux en remuant sans cesse, jusqu'à ce que le mélange soit lisse. Ajouter la vanille.

◆ Verser dans un bol et couvrir. Réfrigérer jusqu'au lendemain ou jusqu'à ce que le mélange soit très froid et épais.

◆ Au batteur électrique, fouetter le mélange à grande vitesse jusqu'à ce qu'il soit léger et mousseux. NE PAS TROP FOUETTER sinon le mélange tournera.

◆ Déposer dans des coupes à dessert. Décorer des framboises.

Préparation : 20 minutes
Donne 6 portions.

GÂTEAUX AU FROMAGE

GÂTEAU AU FROMAGE AUX GRAINS DE CHOCOLAT

Croûte

1 tasse	de chapelure de gaufrettes au chocolat	250 mL
2 c. à soupe	de beurre ou de margarine, fondu	30 mL

Garniture

3 paquets (250 g *chacun*)	de fromage à la crème de MARQUE PHILADELPHIA, ramolli	3 paquets (250 g *chacun*)
1 tasse	de sucre	250 mL
3	œufs à température ambiante	3
½ tasse	de crème sure	125 mL
1 c. à soupe	de vanille	15 mL
1 paquet (300 g)	de grains de chocolat mi-sucré BAKER'S	1 paquet (300 g)
	ou	
1 paquet (225 g)	de grains de chocolat blanc BAKER'S	1 paquet (225 g)

Glaçage

½ tasse	de crème à 35 %	125 mL
4	carrés de chocolat mi-sucré BAKER'S, hachés	4

Croûte :

◆ Bien mélanger la chapelure de gaufrettes et le beurre. Presser fermement au fond d'un moule à charnière de 9 po (23 cm) de diamètre.

Garniture :

◆ Préchauffer le four à 350 °F (180 °C).

◆ Au batteur électrique, mélanger le fromage à la crème et le sucre jusqu'à ce que le mélange soit lisse. Ajouter les œufs un à la fois en battant après chaque addition juste pour les incorporer. Sans cesser de battre, ajouter la crème sure et la vanille. Incorporer les grains de chocolat. Verser dans le moule.

◆ Faire cuire au four, 50 minutes ou jusqu'à ce que le centre du gâteau soit juste pris. Sortir du four et passer la lame d'un couteau tranchant autour du gâteau pour le détacher des parois du moule et empêcher la surface de se fendiller. Laisser refroidir complètement sur une grille ; réfrigérer jusqu'au lendemain. Enlever les parois du moule.

Glaçage :

◆ Faire frémir la crème à feu doux. Ajouter le chocolat et continuer à remuer jusqu'à ce qu'il soit fondu et que le mélange soit lisse. Verser sur le gâteau. Garnir au goût.

Préparation : 15 minutes plus la réfrigération
Cuisson : 50 minutes
Donne 16 portions.

GÂTEAU AU FROMAGE AU CHOCOLAT BLANC

Gâteau

2 paquets (250 g *chacun*)	de fromage à la crème de MARQUE PHILADELPHIA, ramolli	2 paquets (250 g *chacun*)
⅓ tasse	de sucre	75 mL
1 c. à thé	de jus de citron	5 mL
6	carrés de chocolat blanc BAKER'S, fondus et refroidis	6
¾ tasse	de crème sure	175 mL
2	œufs, à température ambiante	2
1 c. à thé	de vanille	5 mL

Garniture

1 tasse	de crème sure	250 mL
2 c. à soupe	de sucre	30 mL
	Copeaux de chocolat blanc	

Gâteau :

◆ Préchauffer le four à 450 °F (230 °C).

◆ Au batteur électrique, battre le fromage à la crème, le sucre et le jus de citron en un mélange lisse. Sans cesser de battre, incorporer le reste des ingrédients.

◆ Verser la pâte dans un moule à charnière de 8½ po (22 cm) de diamètre, légèrement graissé ; lisser le dessus. Faire cuire au four 10 minutes. Baisser la température du four à 250 °F (120 °C) et poursuivre la cuisson de 30 à 35 minutes.

Garniture :

◆ Bien mélanger la crème sure et le sucre. Étaler sur le gâteau ; faire cuire au four 5 minutes.

◆ Sortir du four et passer la lame d'un couteau autour du gâteau pour le détacher des parois du moule et empêcher la surface de se fendiller. Laisser refroidir complètement à température ambiante. Réfrigérer.

◆ Décorer de copeaux de chocolat.

Préparation : 15 minutes plus la réfrigération
Cuisson : 50 minutes
Donne 10 à 12 portions.

GÂTEAU AU FROMAGE AU CHOCOLAT MI-AMER

Croûte

1⅓ tasse	de chapelure de gaufrettes au chocolat	325 mL
⅓ tasse	de beurre ou de margarine, fondu	75 mL

Garniture

2 paquets (250 g *chacun*)	de fromage à la crème de MARQUE PHILADELPHIA, ramolli	2 paquets (250 g *chacun*)
1 tasse	de sucre	250 mL
3	œufs, à température ambiante	3
¼ tasse	de café froid ou de liqueur de café	50 mL
8	carrés de chocolat mi-amer BAKER'S, fondus	8
½ tasse	de crème sure	125 mL

Glaçage

½ tasse	de crème à 35 %	125 mL
4	carrés de chocolat mi-amer BAKER'S	4

Croûte :

◆ Bien mélanger les ingrédients ; presser au fond d'un moule à charnière de 9 po (23 cm) de diamètre.

Garniture :

◆ Préchauffer le four à 350 °F (180 °C).

◆ Au batteur électrique, à vitesse lente, battre le fromage et le sucre en un mélange lisse. Incorporer les œufs un à la fois. En battant, incorporer le café, puis le chocolat, puis la crème sure. Verser dans le moule.

◆ Faire cuire au four de 40 à 50 minutes ou jusqu'à ce que le centre soit à peine pris. Laisser refroidir complètement sur une grille, puis réfrigérer jusqu'au lendemain.

Glaçage :

◆ Passer un couteau-éplucheur sur le dos de 4 carrés de chocolat pour faire des copeaux. Réserver pour décorer. Faire frémir la crème à feu doux. Ajouter le reste du chocolat et remuer jusqu'à ce que le mélange soit lisse. Étaler sur le gâteau. Décorer des copeaux de chocolat.

Préparation : 30 minutes plus la réfrigération
Cuisson : 50 minutes
Donne environ 16 portions.

1. Garnir de gaufrettes un moule à charnière.

2. Étaler le mélange au chocolat dans le moule préparé ; en réserver ½ tasse (125 mL).

3. Recouvrir du mélange blanc.

GÂTEAU AU FROMAGE AU CHOCOLAT ET À LA LIQUEUR D'AMANDE

Anneau de gaufrettes

32	gaufrettes roulées trempées dans le chocolat	32

Gâteau au fromage

2 paquets (250 g *chacun*)	de fromage à la crème de MARQUE PHILADELPHIA, ramolli	2 paquets (250 g *chacun*)
¾ tasse	de cassonade tassée	175 mL
1 sachet (7 g)	de gélatine sans saveur	1 sachet (7 g)
½ tasse	de liqueur d'amande	125 mL
1 tasse	de crème à 35%, fouettée	250 mL
6	carrés de chocolat mi-sucré BAKER'S	6

Garniture

1	carré de chocolat mi-sucré BAKER'S, haché	1
	Amandes entières blanchies	

Anneau de gaufrettes :

◆ Disposer les gaufrettes autour d'un moule à charnière de 8½ po (22 cm) de diamètre.

Gâteau au fromage :

◆ Au batteur électrique, mélanger le fromage à la crème et la cassonade jusqu'à ce que la préparation soit lisse.

◆ Verser la liqueur d'amande dans une casserole et la saupoudrer de gélatine. Laisser reposer 5 minutes pour que la gélatine ramollisse. Faire chauffer à feu doux en remuant jusqu'à ce que la gélatine soit dissoute. Incorporer immédiatement à la préparation au fromage. Y incorporer très délicatement la crème fouettée. Réserver 1 tasse (250 mL) de ce mélange.

◆ Faire fondre le chocolat ; laisser refroidir. Incorporer très délicatement au reste de la préparation au fromage.

◆ Étaler le mélange dans le moule préparé ; en réserver ½ tasse (125 mL) ; recouvrir ensuite du mélange blanc réservé, puis de la préparation au chocolat réservée. Marbrer au couteau. Réfrigérer au moins 3 heures.

Garniture :

◆ Faire fondre partiellement le chocolat dans un bol placé sur un récipient d'eau très chaude. Retirer de la source de chaleur et continuer à remuer jusqu'à ce que le chocolat soit complètement fondu. Y tremper les amandes. Réfrigérer. Disposer sur les gaufrettes.

Préparation : 30 minutes plus la réfrigération
Donne 10 à 12 portions.

4

Déposer des cuillerées de mélange au chocolat réservé sur le dessus.

5

Marbrer au couteau.

6

Décorer d'amandes trempées dans le chocolat.

GÂTEAU AU FROMAGE AU CHOCOLAT

Gâteau

2 c. à soupe	de chapelure de gaufrettes au chocolat	30 mL
3 paquets (250 g *chacun*)	de fromage à la crème de MARQUE PHILADELPHIA, ramolli	3 paquets (250 g *chacun*)
1 tasse	de sucre	250 mL
5	œufs, à température ambiante	5
1 c. à soupe	de vanille	15 mL
6	carrés de chocolat mi-sucré BAKER'S, fondus et refroidis	6

Glaçage

2	carrés de chocolat mi-sucré BAKER'S	2
1 c. à soupe	de beurre	15 mL
1 c. à soupe	d'eau	15 mL

Feuilles de rose

2	carrés de chocolat mi-sucré BAKER'S, hachés	2
	Feuilles de rose	

Gâteau :

◆ Préchauffer le four à 450 °F (230 °C).

◆ Graisser un moule à charnière de 9 po (23 cm) de diamètre. En saupoudrer l'intérieur de chapelure.

◆ Au batteur électrique, mélanger le fromage à la crème et le sucre jusqu'à ce que la consistance soit lisse. Ajouter les œufs un à la fois en battant après chaque addition. Ne pas trop battre, car la surface se fendillera.

◆ Ajouter la vanille et le chocolat; bien mélanger.

◆ Faire cuire au four 10 minutes. Baisser la température du four à 250 °F (120 °C) et poursuivre la cuisson 40 minutes, jusqu'à ce que le centre soit presque pris.

◆ Sortir du four et passer la lame d'un couteau tranchant autour du gâteau pour le détacher du moule et empêcher la surface de se fendiller. Laisser refroidir dans le moule. Réfrigérer 8 heures ou jusqu'au lendemain. Retirer les parois du moule. Sortir le gâteau du réfrigérateur 1 heure avant de le glacer, afin que le glaçage ne durcisse pas immédiatement.

Glaçage :

◆ Faire chauffer le chocolat, le beurre et l'eau à feu doux, jusqu'à ce que le mélange soit lisse.

◆ Étaler uniformément sur le gâteau. Décorer de feuilles de rose en chocolat, si désiré.

Feuilles de rose :

◆ Faire fondre partiellement le chocolat dans un bol placé sur un récipient d'eau très chaude; retirer de la source de chaleur et continuer à remuer jusqu'à ce qu'il soit complètement fondu.

◆ Avec un petit pinceau, une cuillère à thé ou une petite spatule de métal, couvrir soigneusement le dessous d'une feuille de rose fraîche d'une couche de chocolat d'une épaisseur de 1/16 po (2 mm). Ne pas faire déborder le chocolat sur le dessus de la feuille. Réfrigérer environ 15 minutes. Tenir la feuille par la tige pour la décoller du chocolat. Conserver au réfrigérateur.

Préparation : 30 minutes plus la réfrigération
Cuisson : 50 minutes
Donne 12 portions.

GÂTEAU À L'ORANGE MARBRÉ AU CHOCOLAT

Croûte

1½ tasse	de chapelure de graham	375 mL
¼ tasse	de sucre	50 mL
⅓ tasse	de beurre ou de margarine, fondu	75 mL
1 c. à soupe	de zeste d'orange râpé	15 mL

Garniture

3 paquets (250 g *chacun*)	de fromage à la crème de MARQUE PHILADELPHIA, ramolli	3 paquets (250 g *chacun*)
1 tasse	de sucre	250 mL
5	œufs, à température ambiante	5
2 c. à soupe	de liqueur d'orange	30 mL
1 c. à thé	de zeste d'orange râpé	5 mL
4	carrés de chocolat mi-sucré BAKER'S, fondus et refroidis	4

Croûte :

◆ Bien mélanger tous les ingrédients de la croûte. Presser dans un moule à charnière de 9 po (23 cm) de diamètre, en couvrant le fond et les parois sur une hauteur de 1 po (2,5 cm). Réserver.

Garniture :

◆ Préchauffer le four à 350 °F (180 °C).

◆ Au batteur électrique, battre le fromage et le sucre en un mélange lisse. Ajouter les œufs un à la fois en battant après chaque addition juste pour mélanger. Ajouter la liqueur et le zeste d'orange.

◆ À 2 tasses (500 mL) de la préparation au fromage, incorporer délicatement le chocolat ; bien mélanger.

◆ Verser le reste de la préparation au fromage dans le moule préparé. Y déposer des cuillerées de la préparation au chocolat ; marbrer au couteau.

◆ Faire cuire au four de 35 à 40 minutes. Sortir du four et passer la lame d'un couteau autour du gâteau pour le détacher des parois du moule et pour empêcher la surface de se fendiller. Laisser refroidir complètement à température ambiante. Réfrigérer.

Préparation : 30 minutes plus la réfrigération
Cuisson : 40 minutes
Donne 12 portions.

GÂTEAU AU CHOCOLAT SANS CUISSON

⅓ tasse	d'amandes hachées, grillées	75 mL
2 paquets (250 g *chacun*)	de fromage à la crème de MARQUE PHILADELPHIA, ramolli	2 paquets (250 g *chacun*)
1 tasse	de sucre	250 mL
6	carrés de chocolat mi-sucré BAKER'S, fondus et refroidis	6
¼ tasse	d'eau froide	50 mL
1 sachet (7 g)	de gélatine sans saveur	1 sachet (7 g)
1 tasse	de crème à 35 %, fouettée	250 mL
2	carrés de chocolat mi-sucré BAKER'S, hachés	2

◆ Graisser un moule à charnière de 8½ po (22 cm) de diamètre. En parsemer l'intérieur d'amandes.

◆ Au batteur électrique, mélanger le fromage à la crème et le sucre jusqu'à ce que la consistance soit lisse. Incorporer le chocolat fondu.

◆ Verser l'eau dans une casserole et la saupoudrer de gélatine. Laisser reposer 5 minutes pour que la gélatine ramollisse. Faire chauffer à feu doux en remuant jusqu'à ce que la gélatine soit dissoute. Incorporer immédiatement à la préparation au fromage. Incorporer ensuite très délicatement à la crème fouettée. Verser dans le moule. Réfrigérer au moins 3 heures.

◆ Faire fondre partiellement le reste du chocolat dans un bol placé sur un récipient d'eau très chaude. Retirer de la source de chaleur et remuer jusqu'à ce que le chocolat soit fondu. En arroser le gâteau.

Préparation : 20 minutes plus la réfrigération
Donne 10 à 12 portions.

GÂTEAU AU FROMAGE
AU CHOCOLAT BLANC ET À LA LIME

2 paquets (3 oz *chacun*)	de boudoirs, coupés en deux dans le sens de la longueur	2 paquets (3 oz *chacun*)
2 paquets (250 g *chacun*)	de fromage à la crème de MARQUE PHILADELPHIA, ramolli	2 paquets (250 g *chacun*)
1 tasse	de sucre	250 mL
6	carrés de chocolat blanc BAKER'S, fondus et refroidis	6
¼ tasse	de jus de lime	50 mL
1 sachet (7 g)	de gélatine sans saveur	1 sachet (7 g)
2 c. à thé	de zeste de lime râpé fin	10 mL
1 tasse	de crème à 35 %, fouettée	250 mL
	Fraises	
	Tranches de lime	

◆ Garnir de boudoirs, le côté arrondi vers l'extérieur, le fond et les parois d'un moule à charnière de 8½ po (22 cm) de diamètre.

◆ Au batteur électrique, mélanger le fromage à la crème et le sucre jusqu'à ce que la consistance soit lisse. Incorporer le chocolat.

◆ Dans une casserole, verser le jus de lime et le saupoudrer la gélatine. Laisser reposer 5 minutes pour que la gélatine ramollisse. Faire chauffer à feu doux en remuant jusqu'à ce que la gélatine soit dissoute. Incorporer immédiatement à la préparation au fromage; ajouter le zeste de lime.

◆ Incorporer très délicatement la préparation au fromage à la crème fouettée. Verser dans le moule. Réfrigérer au moins 3 heures. Décorer de fraises et de tranches de lime.

Préparation: 15 minutes plus la réfrigération
Donne 8 à 10 portions.

GÂTEAU AU FROMAGE CRÉMEUX ET PRALINÉ

Un chef-d'œuvre qui ne requiert aucune cuisson.

Croûte

1 tasse	de chapelure de graham	250 mL
½ tasse	de pacanes finement hachées	125 mL
⅓ tasse	de beurre ou de margarine, fondu	75 mL
¼ tasse	de cassonade tassée	50 mL

Garniture

½ tasse	de pacanes hachées	125 mL
¼ tasse	de cassonade tassée	50 mL
¼ tasse	de beurre ou de margarine, fondu	50 mL
2 paquets (250 g *chacun*)	de fromage à la crème de MARQUE PHILADELPHIA, ramolli	2 paquets (250 g *chacun*)
¾ tasse	de cassonade tassée	175 mL
¼ tasse	d'eau froide	50 mL
1 sachet (7 g)	de gélatine sans saveur	1 sachet (7 g)
1 tasse	de crème à 35 %, fouettée	250 mL
4	carrés de chocolat mi-sucré BAKER'S, fondus et refroidis	4

Croûte :

◆ Bien mélanger tous les ingrédients de la croûte. Presser dans un moule à charnière de 8½ po (22 cm) de diamètre, en couvrant le fond et les parois sur une hauteur de 1 po (2,5 cm).

Garniture :

◆ Pour le mélange praliné, bien mélanger à la fourchette les pacanes, ¼ tasse (50 mL) de cassonade et le beurre fondu. Réserver.

◆ Au batteur électrique, mélanger le fromage à la crème et le reste de la cassonade jusqu'à ce que la consistance soit lisse.

◆ Verser l'eau froide dans une casserole et la saupoudrer de gélatine. Laisser reposer 5 minutes pour que la gélatine ramollisse. Faire chauffer à feu doux en remuant jusqu'à ce que la gélatine soit dissoute. Incorporer immédiatement à la préparation au fromage. Incorporer très délicatement la préparation au fromage à la crème fouettée.

◆ Mesurer 2 tasses (500 mL) de préparation au fromage ; bien y incorporer le chocolat. Étaler le reste de la préparation au fromage dans le moule préparé, en réservant ½ tasse (125 mL) du mélange.

◆ Recouvrir uniformément du mélange praliné, puis des 2 tasses (500 mL) de préparation au chocolat.

◆ Déposer à la cuillère la demi-tasse (125 mL) de mélange au fromage sur le mélange de chocolat et marbrer la surface au couteau. Réfrigérer au moins 3 heures.

Préparation : 30 minutes plus la réfrigération
Donne 10 à 12 portions.

GÂTEAU AU FROMAGE AUX DEUX CHOCOLATS

Des couches spectaculaires de chocolat blanc et de chocolat foncé!

Croûte

1 tasse	de chapelure de gaufrettes au chocolat	250 mL
3 c. à soupe	de beurre ou de margarine, fondu	45 mL

Garniture

3 paquets (250 g *chacun*)	de fromage à la crème de MARQUE PHILADELPHIA, ramolli	3 paquets (250 g *chacun*)
¾ tasse	de sucre	175 mL
3	œufs, à température ambiante	3
1 c. à thé	de vanille	5 mL
3	carrés de chocolat blanc BAKER'S, fondus et refroidis	3
2 c. à soupe	de schnapps à la framboise (facultatif)	30 mL
3	carrés de chocolat mi-sucré BAKER'S, fondus et refroidis	3

Glaçage

¾ tasse	de crème à 35 %	175 mL
6	carrés de chocolat mi-sucré BAKER'S, hachés	6

Croûte :

◆ Bien mélanger la chapelure et le beurre; presser au fond d'un moule à charnière de 9 po (23 cm) de diamètre. Faire cuire au four à 350 °F (180 °C), 10 minutes. Laisser refroidir.

Garniture :

◆ Préchauffer le four à 425 °F (220 °C).

◆ Au batteur électrique, battre le fromage et le sucre en un mélange lisse. Ajouter les œufs un à la fois en battant juste assez pour mélanger. Ajouter la vanille.

◆ Diviser la pâte en deux. Incorporer le chocolat blanc et le schnapps à une des moitiés; incorporer le chocolat mi-sucré au reste de la pâte. Étaler la pâte foncée dans le moule, puis la recouvrir de la pâte blanche.

◆ Faire cuire au four 10 minutes; baisser la température à 250 °F (120 °C). Faire cuire de 30 à 35 minutes ou jusqu'à ce que le centre du gâteau soit à peine ferme.

◆ Sortir du four et passer la lame d'un couteau autour du gâteau. Réfrigérer.

Glaçage :

◆ Au moment de servir, faire frémir la crème à feu doux. Ajouter le chocolat et remuer jusqu'à ce que le mélange soit lisse. Verser sur le gâteau. À l'aide d'une spatule, l'étaler pour couvrir le dessus et le tour du gâteau. Décorer au goût.

Préparation : 20 minutes plus la réfrigération
Cuisson : 45 minutes
Donne 10 à 12 portions.

1

Incorporer le chocolat blanc et le schnapps à une des moitiés de la pâte.

2

Incorporer le chocolat foncé à l'autre moitié.

3

Verser la pâte au chocolat foncé dans le moule.

4

La recouvrir de pâte blanche.

5

À l'aide d'une spatule, garnir de glaçage le dessus et le tour du gâteau.

GÂTEAU AU FROMAGE AU CHOCOLAT ET AUX FRAMBOISES

Un gâteau au fromage léger!

4	carrés de chocolat mi-amer BAKER'S, hachés	4
¼ tasse	d'eau	50 mL
1 paquet (250 g)	de produit de fromage à la crème de MARQUE PHILADELPHIA léger	1 paquet (250 g)
½ tasse	de confiture aux framboises, divisée	125 mL
1 (1 L)	contenant de garniture fouettée COOL WHIP, dégelée et divisé	1 (1 L)
2 c. à soupe	d'eau	30 mL
36	framboises fraîches	36

◆ Faire chauffer le chocolat et ¼ tasse (50 mL) d'eau au micro-ondes à HAUTE intensité, de 1 à 1½ minute, ou à feu doux en remuant sans cesse jusqu'à ce que le chocolat soit presque fondu. Retirer du micro-ondes ou du feu et remuer jusqu'à ce que le chocolat soit complètement fondu. Le mélange sera épais.

◆ Battre le chocolat avec le fromage à la crème et ¼ tasse (50 mL) de confiture. Incorporer immédiatement 3 tasses (750 mL) de garniture fouettée et remuer jusqu'à ce que la consistance soit lisse.

◆ Étaler dans un moule à tarte ou un moule à charnière de 8 ou 9 po (20 ou 23 cm) de diamètre. Congeler de 3 à 4 heures.

◆ Sortir du congélateur; laisser reposer 15 minutes. Faire chauffer brièvement le reste de la confiture avec 2 c. à soupe (30 mL) d'eau et remuer jusqu'à ce que la consistance soit homogène. Passer au tamis pour enlever les graines. Garnir le gâteau du reste de la garniture fouettée, de la sauce aux framboises et des framboises. Conserver les restes au congélateur.

Préparation: 20 minutes
Congélation: 3 à 4 heures
Donne 12 portions.

SABLÉS AU CHOCOLAT MI-AMER

Les sablés au chocolat et aux pacanes sont de plus en plus populaires.

2 tasses	de beurre, ramolli	500 mL
1 tasse	de sucre à fruit ou super fin	250 mL
3½ tasses	de farine tout usage	875 mL
½ tasse	de fécule de maïs	125 mL
6	carrés de chocolat mi-amer BAKER'S, coupés grossièrement	6
1 tasse	de pacanes grillées et grossièrement hachées	250 mL
	Sucre à glacer tamisé	

◆ Préchauffer le four à 350 °F (180 °C).

◆ Battre le beurre avec le sucre jusqu'à ce que le mélange soit léger et mousseux. Ajouter la farine et la fécule de maïs en remuant pour bien mélanger. Incorporer le chocolat et les pacanes.

◆ Déposer par grosses cuillerées à soupe sur des plaques à biscuits non graissées, à environ 1 po (2,5 cm) d'intervalle.

◆ Faire cuire au four de 20 à 25 minutes ou jusqu'à ce que les biscuits soient légèrement dorés. Laisser refroidir.

◆ Saupoudrer légèrement de sucre à glacer.

Préparation : 20 minutes
Cuisson : 25 minutes
Donne 48 biscuits.

BARRES NANAÏMO DES FÊTES

Base

½ tasse	de beurre ou de margarine, ramolli	125 mL
3	carrés de chocolat mi-sucré BAKER'S	3
2 c. à soupe	de sucre	30 mL
1 c. à thé	de vanille	5 mL
1	œuf	1
2 tasses	de chapelure de graham	500 mL
1 tasse	de noix de coco BAKER'S ANGEL FLAKE	250 mL
½ tasse	de noix hachées	125 mL

Garniture

2 c. à soupe	de crème anglaise en poudre	30 mL
3 c. à soupe	de lait	45 mL
¼ tasse	de beurre ou de margarine, ramolli	50 mL
2 tasses	de sucre à glacer, tamisé	500 mL

Glaçage

| 5 | carrés de chocolat mi-sucré BAKER'S, hachés | 5 |
| 1 c. à soupe | de beurre | 15 mL |

Base:

◆ Faire fondre le beurre et le chocolat dans une casserole. Incorporer le sucre, la vanille et l'œuf. Retirer du feu. Bien incorporer la chapelure, la noix de coco et les noix. Presser au fond d'un moule carré de 9 po (23 cm). Réfrigérer 10 minutes.

Garniture:

◆ Mélanger tous les ingrédients au batteur électrique. Étaler sur la base; réfrigérer.

Glaçage:

◆ Faire fondre le chocolat et le beurre à feu doux. Étaler sur la garniture. Réfrigérer jusqu'à ce que le glaçage soit presque ferme. Couper en barres.

Préparation: 20 minutes plus la réfrigération
Donne environ 18 barres.

Barres Nanaïmo au moka: Préparer les barres Nanaïmo en remplaçant le lait dans la garniture par de la liqueur de café mélangée à 2 c. à thé (10 mL) de café instantané.

Barres Nanaïmo rouges ou vertes: Préparer les barres Nanaïmo en ajoutant à la garniture ½ c. à thé (2 mL) d'extrait de menthe poivrée et quelques gouttes de colorant alimentaire vert ou rouge.

Écorce marbrée

1

Faire fondre partiellement
chaque sorte de chocolat dans
des bols séparés placés sur un
récipient d'eau très chaude.

2

Retirer de la chaleur et
continuer à remuer jusqu'à
ce que le chocolat soit
bien lisse.

3

Incorporer les noix.

COUPES EN CHOCOLAT À LA LIQUEUR

Une petite gâterie à servir avec le café!

2	carrés de chocolat mi-sucré BAKER'S	2
	Liqueurs fines (au goût)	
1 tasse	de crème à 35 %, fouettée	250 mL

◆ Faire fondre partiellement le chocolat dans un bol placé sur un récipient d'eau très chaude. Retirer de la source de chaleur et continuer à remuer jusqu'à ce que le chocolat soit bien lisse.

◆ Avec un petit pinceau, enrober légèrement de chocolat l'intérieur de 16 coupes miniatures en papier. Congeler au moins 1 heure.

◆ Sortir une coupe à la fois du congélateur. Retirer rapidement le papier et remettre au congélateur. Conserver dans un contenant hermétique au congélateur, jusqu'au moment de les utiliser.

◆ Servir les coupes remplies de liqueur et garnies de crème fouettée.

Préparation : 15 minutes plus la réfrigération
Donne environ 16 coupes de liqueur.

ÉCORCE MARBRÉE

Une merveilleuse idée de cadeau !

6	carrés de chocolat mi-amer BAKER'S	6
6	carrés de chocolat blanc BAKER'S	6
1 tasse	de noix entières grillées ou de fruits secs	250 mL

◆ Couper chaque carré de chocolat en 8 morceaux; mettre les sortes de chocolat dans des bols séparés.

◆ Placer les bols sur des récipients d'eau très chaude pour faire fondre partiellement le chocolat. Retirer de la source de chaleur et remuer jusqu'à ce que le chocolat soit lisse.

◆ Incorporer la moitié des noix ou des fruits secs à chacune des sortes de chocolat fondu.

◆ Déposer sur une plaque à biscuits recouverte de papier ciré, par grosses cuillerées, en alternant le chocolat mi-amer avec le chocolat blanc.

◆ Marbrer avec la pointe d'un couteau.

◆ Frapper légèrement la plaque sur le comptoir pour lisser la surface. Réfrigérer jusqu'à ce que le chocolat soit pris.

Préparation : 15 minutes plus la réfrigération
Briser en 20 morceaux environ.

4 Déposer par grosses cuillerées sur une plaque à biscuits.

5 Marbrer avec un couteau.

BOULES AU RHUM

On ne peut plus s'en passer!

2	carrés de chocolat mi-sucré BAKER'S	2
¼ tasse	de sirop de maïs	50 mL
¼ tasse	de sucre à glacer, tamisé	50 mL
⅓ tasse	de rhum foncé	75 mL
2 tasses	de gaufrettes à la vanille, écrasées finement	500 mL
1 tasse	de pacanes hachées fin	250 mL
	Blanc d'œuf légèrement battu	
	Paillettes de chocolat ou pacanes hachées fin	

◆ Faire d'abord fondre le chocolat dans un bol placé sur un récipient d'eau très chaude. Ajouter ensuite le sirop, le sucre, le rhum, la chapelure de gaufrettes et les noix ; bien mélanger. Réfrigérer jusqu'à ce que la préparation soit assez ferme pour être façonnée à la main.

◆ Façonner en boules de 1 po (2,5 cm) de diamètre. Tremper dans le blanc d'œuf et rouler dans les paillettes de chocolat ou dans les pacanes hachées. Conserver dans un contenant hermétique au réfrigérateur pendant au moins une semaine pour que les boules s'imprègnent bien de rhum.

Préparation : 30 minutes plus la réfrigération
Donne environ 30 boules au rhum.

ÉCORCE AUX AGRUMES ET AU CHOCOLAT BLANC

6	carrés de chocolat blanc BAKER'S	6
½ tasse	d'écorce d'agrumes confite	125 mL
½ tasse	de fruits confits colorés, hachés et épongés	125 mL

◆ Faire fondre partiellement le chocolat dans un bol placé sur un récipient d'eau très chaude. Retirer de la source de chaleur et continuer à remuer jusqu'à ce que le chocolat soit bien lisse.

◆ Incorporer l'écorce et les fruits. Étaler sur une plaque à biscuits recouverte de papier ciré.

◆ Réfrigérer jusqu'à ce que le chocolat soit pris. Briser en morceaux. Conserver au réfrigérateur.

Préparation : 10 minutes plus la réfrigération
Donne environ 30 morceaux.

BOULES AU BEURRE GLACÉES AU CHOCOLAT

1¾ tasse	de farine tout usage	425 mL
1 tasse	de pacanes finement hachées	250 mL
¾ tasse	de beurre	175 mL
½ tasse	de sucre à glacer, tamisé	125 mL
¼ c. à thé	de sel	1 mL
¾ c. à thé	de vanille	3 mL
2 c. à thé	d'eau froide	10 mL
3	carrés de chocolat mi-sucré BAKER'S, hachés	3
	Chocolat râpé grossièrement ou noix finement hachées (facultatif)	

◆ Préchauffer le four à 325 °F (160 °C).

◆ Bien mélanger la farine avec les pacanes.

◆ Battre le beurre en crème. Ajouter graduellement le sucre en battant jusqu'à ce que le mélange soit léger et mousseux. Ajouter le sel, la vanille et l'eau; bien mélanger. Incorporer graduellement les ingrédients secs.

◆ Façonner en boules de ¾ po (2 cm) de diamètre. Déposer sur des plaques à biscuits non graissées.

◆ Faire cuire au four 20 minutes ou jusqu'à ce que le tour commence à dorer. Retirer des plaques à biscuits et laisser refroidir complètement sur des grilles.

◆ Faire fondre partiellement le chocolat dans un bol placé sur un récipient d'eau très chaude. Retirer de la source de chaleur et continuer à remuer jusqu'à ce que le chocolat soit complètement fondu. Tremper la moitié de chaque boule dans le chocolat fondu. Rouler dans le chocolat râpé ou les noix hachées, si désiré. Déposer sur une plaque à biscuits recouverte de papier ciré et réfrigérer. Conserver dans un contenant hermétique.

Préparation : 30 minutes plus la réfrigération
Cuisson : 20 minutes
Donne 4 douzaines de biscuits.

FUDGE FANTASTIQUE

8	carrés de chocolat mi-sucré BAKER'S	8
⅔ tasse	de lait concentré sucré	150 mL
1 c. à thé	de vanille	5 mL
½ tasse	de noix hachées (facultatif)	125 mL

◆ Faire fondre le chocolat dans le lait, à feu doux. Ajouter la vanille et bien mélanger. Si désiré, ajouter les noix.

◆ Étaler dans un moule à pain de 9 po sur 5 po (23 cm sur 13 cm), dont l'intérieur est recouvert de papier ciré. Réfrigérer jusqu'à ce que le mélange soit ferme.

Préparation : 10 minutes plus la réfrigération
Donne environ 32 morceaux.

TRUFFES ROYALES AU CHOCOLAT MI-AMER

¼ tasse	de crème à 35 %	50 mL
6	carrés de chocolat mi-amer BAKER'S, coupés en petits morceaux	6
1 c. à soupe	de beurre ramolli	15 mL
2 c. à soupe	de liqueur d'orange (facultatif)	30 mL
6	carrés de chocolat mi-amer BAKER'S, coupés en petits morceaux	6

◆ Porter la crème à ébullition à feu modéré; retirer du feu. Ajouter 6 carrés de chocolat, le beurre et la liqueur; remuer jusqu'à ce que le chocolat soit fondu.

◆ Congeler le mélange de 1 à 2 heures, jusqu'à ce qu'il soit assez ferme pour être façonné à la main.

◆ Façonner le mélange en petites boules à l'aide d'une cuillère à thé; congeler 20 minutes.

◆ Faire fondre partiellement le reste du chocolat dans un bol placé sur un récipient d'eau très chaude, non bouillante. Retirer de la source de chaleur et continuer à remuer jusqu'à ce que le chocolat soit bien lisse. Tremper chaque boule dans le chocolat.

◆ Déposer sur une plaque à biscuits recouverte de papier ciré. Arroser les truffes avec le reste de chocolat fondu.

◆ Réfrigérer jusqu'à ce que les truffes soient fermes, environ 30 minutes.

Préparation : 1 heure plus la réfrigération
Donne environ 2 douzaines de truffes.

Porter la crème à ébullition.

Ajouter le chocolat, le beurre et la liqueur, et remuer jusqu'à ce que le chocolat soit fondu.

Façonner le mélange en boules.

Tremper les boules dans le chocolat et déposer sur du papier ciré. Arroser avec le reste du chocolat fondu.

GÂTEAU AUX FRUITS AU CHOCOLAT

Ajoutez un petit goût de chocolat au gâteau aux fruits classique.

1 tasse	de cerises rouges glacées, coupées en deux	250 mL
1 tasse	de cerises vertes glacées, coupées en deux	250 mL
1 tasse	de raisins secs foncés ou dorés	250 mL
½ tasse	de zestes mélangés hachés	125 mL
¾ tasse	de rhum brun ou de brandy	175 mL
2 tasses	de farine tout usage	500 mL
½ c. à thé	de poudre à pâte	2 mL
½ c. à thé	de sel	2 mL
6	carrés de chocolat non sucré BAKER'S	6
¾ tasse	de beurre non salé	175 mL
1⅓ tasse	de sucre	325 mL
4	œufs	4
½ tasse	de lait	125 mL
1½ c. à thé	de vanille	7 mL
1 tasse	d'amandes blanchies, grossièrement hachées	250 mL
	Rhum brun ou brandy	

◆ Dans un bol, mélanger les cerises, les raisins secs et les zestes. Incorporer le rhum. Couvrir et laisser macérer à température ambiante pendant au moins 30 minutes.

◆ Préchauffer le four à 325 °F (160 °C). Bien mélanger la farine avec la poudre à pâte et le sel. Réserver. Faire fondre le chocolat à feu doux ou au micro-ondes à intensité MOYENNE, 3 minutes.

◆ Battre en crème le beurre et le sucre. Sans cesser de battre, ajouter les œufs, un à la fois. Incorporer le lait, la vanille et le chocolat. Égoutter les fruits en réservant le rhum. Incorporer le rhum réservé au mélange crémeux.

◆ Ajouter graduellement les ingrédients secs en battant. Incorporer les fruits macérés et les amandes. Verser le mélange dans un moule à cheminée de 10 po (25 cm) de diamètre, graissé ; lisser la surface.

◆ Faire cuire au four de 50 à 60 minutes ou jusqu'à ce qu'un cure-dents inséré au centre en ressorte presque propre. Laisser refroidir dans le moule sur une grille. Badigeonner le gâteau d'un peu plus de rhum, puis l'envelopper dans du papier d'aluminium et le conserver au réfrigérateur ou au congélateur.

Préparation : 20 minutes
Cuisson : 60 minutes
Donne 24 portions.

CERISES TREMPÉES DANS LE CHOCOLAT

2 c. à soupe	de beurre, ramolli	30 mL
2 c. à soupe	de sirop de maïs	30 mL
1	pincée de sel	1
1 tasse	de sucre à glacer, tamisé	250 mL
20	cerises au marasquin avec les queues, égouttées et bien asséchées	20
5	carrés de chocolat mi-sucré BAKER'S	5

◆ Mélanger le beurre, le sirop de maïs et le sel; incorporer le sucre et remuer jusqu'à ce que la consistance soit lisse. Réfrigérer jusqu'à ce que le fondant soit assez ferme pour être façonné à la main.

◆ Bien enrober chaque cerise avec environ 1 c. à thé (5 mL) de fondant. Rouler dans les mains pour en lisser la surface. Réfrigérer jusqu'à ce que le fondant soit ferme.

◆ Faire fondre partiellement le chocolat dans un bol placé sur un récipient d'eau très chaude. Retirer de la source de chaleur et continuer à remuer jusqu'à ce que le chocolat soit bien lisse.

◆ Tremper les cerises dans le chocolat, en s'assurant que le joint de la queue soit complètement couvert. Placer sur du papier ciré. Réfrigérer jusqu'à ce que le chocolat soit ferme.

◆ Conserver au réfrigérateur. Laisser reposer à température ambiante 24 heures avant de servir, pour ramollir le fondant.

Préparation: 1 heure plus la réfrigération
Donne 20 cerises au chocolat.

Note: On peut faire tremper les cerises dans du brandy ou dans du sherry pendant 24 heures. Bien les essuyer avec du papier essuie-tout avant de les enrober de fondant.

BARRES TUTTI-FRUTTI

⅓ tasse	d'ananas glacé, finement haché	75 mL
⅓ tasse	de cerises glacées, finement hachées	75 mL
⅓ tasse	d'écorce de fruits confite, finement hachée	75 mL
⅓ tasse	d'amandes effilées grillées	75 mL
8	carrés de chocolat mi-sucré BAKER'S	8

◆ Recouvrir de papier ciré le fond d'un moule à pain de 9 po sur 5 po (23 cm sur 13 cm), en faisant dépasser le papier aux extrémités.

◆ Mélanger les fruits et les amandes.

◆ Faire fondre partiellement le chocolat dans un bol placé sur un récipient d'eau très chaude. Retirer de la source de chaleur et continuer à remuer jusqu'à ce que le chocolat soit bien lisse.

◆ Verser la moitié du chocolat dans le moule préparé. Parsemer des fruits et des amandes. Couvrir du reste de chocolat. Taper le moule plusieurs fois sur le comptoir pour tasser le chocolat. Réfrigérer jusqu'à ce que le mélange soit ferme.

◆ Démouler en soulevant le papier ciré qui dépasse. Retirer le papier ciré. Couper en barres.

Préparation: 20 minutes plus la réfrigération
Donne environ 32 barres.

Florentins

FLORENTINS

Une tradition du temps des Fêtes dans les Cuisines Baker's.

1 tasse	d'amandes effilées	250 mL
½ tasse	de crème à 35 %	125 mL
½ tasse	de sucre	125 mL
½ tasse	d'écorce de fruits confite, coupée en dés	125 mL
¼ tasse	de farine tout usage	50 mL
8	carrés de chocolat mi-sucré BAKER'S, hachés	8

◆ Préchauffer le four à 350 °F (180 °C).

◆ Mélanger tous les ingrédients, sauf le chocolat.

◆ Déposer par grosses cuillerées à thé, à environ 2 po (5 cm) d'intervalle, sur des plaques à biscuits graissées et farinées. Aplatir avec la lame d'un couteau préalablement trempée dans l'eau.

◆ Faire cuire au four de 10 à 12 minutes ou jusqu'à ce que le tour soit brun. Retirer des plaques à biscuits et laisser refroidir sur des grilles.

◆ Faire fondre partiellement le chocolat dans un bol placé sur un récipient d'eau très chaude. Retirer de la source de chaleur et continuer à remuer jusqu'à ce que le chocolat soit bien lisse. Étaler sur le côté plat des biscuits. Laisser durcir. Conserver au réfrigérateur.

Préparation : 60 minutes
Cuisson : 12 minutes
Donne environ 2 douzaines de biscuits.

SABLÉS AU CHOCOLAT ET AUX AMANDES

1¼ tasse	de sucre à glacer, tamisé	300 mL
¾ tasse	de beurre, ramolli	175 mL
6	carrés de chocolat mi-sucré BAKER'S, fondus et refroidis	6
1 c. à thé	de vanille	5 mL
1 tasse	de farine tout usage	250 mL
1 tasse	d'amandes moulues	250 mL
¼ c. à thé	de sel	1 mL
1 tasse	de grains de chocolat mi-sucré BAKER'S	250 mL
½ tasse	d'amandes non blanchies, grillées et grossièrement hachées	125 mL

◆ Préchauffer le four à 250 °F (120 °C).

◆ Battre en crème le sucre et le beurre jusqu'à ce que le mélange soit léger et mousseux. Ajouter le chocolat et la vanille ; bien mélanger.

◆ Bien mélanger la farine avec les amandes moulues et le sel. Ajouter graduellement la préparation au chocolat. Presser en un rectangle de 12 po sur 9 po (30 cm sur 23 cm) et déposer sur une plaque à biscuits non graissée. Parsemer uniformément de grains de chocolat et d'amandes hachées.

◆ Faire cuire au four de 45 à 50 minutes. Laisser refroidir ; couper en barres.

Préparation : 20 minutes
Cuisson : 50 minutes
Donne environ 48 sablés.

FUDGE AU CHOCOLAT ET AU BEURRE D'ARACHIDE

Enveloppez ces douceurs dans du papier cellophane de couleur et offrez-les en cadeau.

6	carrés de chocolat mi-sucré BAKER'S	6
¼ tasse	de beurre ou de margarine	50 mL
½ tasse	de beurre d'arachide crémeux ou croquant KRAFT	125 mL
1 paquet (250 g)	de minis guimauves aux fruits ou ordinaires KRAFT	1 paquet (250 g)

◆ Faire fondre le chocolat et le beurre à feu doux.

◆ Incorporer le beurre d'arachide ; bien mélanger. Incorporer délicatement les guimauves.

◆ Étaler dans un moule carré de 9 po (23 cm), préalablement recouvert de papier ciré. Réfrigérer jusqu'à ce que le mélange soit ferme, environ 2 heures.

◆ Couper en carrés. Conserver au réfrigérateur.

Préparation : 10 minutes plus la réfrigération
Donne environ 3 douzaines de morceaux.

◆ *Au micro-ondes :* Mélanger le chocolat et le beurre dans un grand bol allant au micro-ondes. Faire cuire à intensité MOYENNE, 3 minutes ou jusqu'à ce que le chocolat soit fondu. Continuer comme ci-dessus.

DÉLICES AU CHOCOLAT ET AUX PACANES

Croûtes

1 paquet (250 g)	de fromage à la crème de MARQUE PHILADELPHIA, ramolli	1 paquet (250 g)
½ tasse	de beurre ou de margarine, ramolli	125 mL
1½ tasse	de farine tout usage	375 mL

Garniture

1	œuf	1
¾ tasse	de cassonade tassée	175 mL
1 c. à soupe	de beurre ou de margarine, fondu	15 mL
1 c. à thé	de vanille	5 mL
4	carrés de chocolat mi-sucré BAKER'S, chacun coupé en 12 morceaux	4
1 tasse	de pacanes finement hachées	250 mL
2	carrés de chocolat mi-sucré BAKER'S, fondus	2

Croûtes :

◆ Battre le fromage à la crème avec le beurre. Incorporer la farine.

◆ Ramasser la pâte en une boule, en ajoutant de la farine si nécessaire.

◆ Diviser la pâte en 48 boules. Placer dans des moules à tartelettes miniatures de 1¾ po (4,5 cm) de diamètre, graissés, ou dans des moules plus grands. Presser la pâte contre les parois et le fond des moules. Réfrigérer.

Garniture :

◆ Préchauffer le four à 350 °F (180 °C).

◆ Bien fouetter ensemble l'œuf, la cassonade, le beurre et la vanille.

◆ Déposer un morceau de chocolat et 1 c. à thé (5 mL) de pacanes hachées dans chaque croûte. Répartir la garniture entre les croûtes. Parsemer du reste de pacanes.

◆ Faire cuire au four de 25 à 30 minutes. Laisser refroidir dans les moules 30 minutes. Arroser de chocolat fondu. Réfrigérer.

Préparation : 30 minutes plus la réfrigération
Cuisson : 30 minutes
Donne 48 tartelettes.

BÛCHE DE NOËL AU CHOCOLAT BLANC

Garniture

2¼ tasses	de crème à 35 %	550 mL
3 (*chacun*)	grosses lanières de zeste d'orange et de zeste de citron	3 (*chacun*)
9	carrés de chocolat blanc BAKER'S, hachés finement	9

Gâteau

3	carrés de chocolat blanc BAKER'S	3
2 c. à soupe	d'eau très chaude	30 mL
5	gros œufs	5
1 c. à thé	de vanille	5 mL
½ tasse	de sucre	125 mL
½ tasse	de farine à pâtisserie	125 mL
1 c. à soupe	de fécule de maïs	15 mL
	Sucre à glacer	

Garniture:

◆ Faire chauffer la crème et les zestes à feu modéré. Retirer du feu; laisser reposer 30 minutes. Retirer les zestes; ajouter le chocolat. Réchauffer à feu modéré, en remuant jusqu'à ce que le chocolat soit fondu.

◆ Verser dans un grand bol; couvrir hermétiquement. Réfrigérer jusqu'au lendemain ou jusqu'à ce que le mélange soit froid et épais.

Gâteau:

◆ Préchauffer le four à 350 °F (180 °C).

◆ À feu doux, faire fondre le chocolat additionné de 2 c. à soupe (30 mL) d'eau chaude dans un bol placé sur un récipient d'eau très chaude.

◆ Au batteur électrique, à vitesse élevée, mélanger les œufs et la vanille; ajouter graduellement le sucre et bien mélanger (environ 10 minutes).

◆ Tamiser la farine avec la fécule de maïs; incorporer graduellement à la préparation aux œufs. Incorporer délicatement le chocolat fondu.

◆ Recouvrir de papier ciré un moule à gâteau roulé, graissé et fariné. Étaler la pâte dans le moule; taper doucement le moule sur le comptoir pour éliminer les bulles.

◆ Faire cuire de 15 à 17 minutes, jusqu'à ce que le gâteau reprenne sa forme au toucher. Renverser immédiatement sur un linge saupoudré de sucre à glacer. Retirer le papier. Tailler les bords du gâteau, puis le rouler avec le linge, en partant du bout le plus étroit. Laisser refroidir 30 minutes.

Assemblage:

◆ Au batteur électrique, à vitesse élevée, battre la garniture jusqu'à la formation de pics mous. Ne pas trop battre sinon la texture sera granuleuse.

◆ Dérouler le gâteau. Étaler la moitié de la garniture sur le gâteau; rouler.

◆ Couper une tranche en biais, à une extrémité du gâteau, et la placer près du rouleau pour simuler une branche.

◆ Glacer le gâteau avec le reste de la garniture. Utiliser les dents d'une fourchette pour créer un effet d'écorce. Réfrigérer jusqu'au moment de servir. Se congèle bien.

Préparation: 45 minutes
Cuisson: 17 minutes
Donne 10 portions.

1

Renverser le gâteau sur un linge saupoudré de sucre à glacer et retirer le papier.

2

Rouler le gâteau avec le linge.

3

Étaler la moitié de la garniture sur le gâteau déroulé.

4

Rouler le gâteau bien serré pour former une bûche.

5

Couper une tranche en biais et la placer près du rouleau pour simuler une branche.

6

Glacer le gâteau avec le reste de la garniture.

BOMBE AU CHOCOLAT

2 tasses	de crème glacée aux fraises, ramollie	500 mL
2 tasses	de crème glacée au chocolat, ramollie	500 mL
½	carré de chocolat mi-sucré BAKER'S, coupé en petits morceaux	½
¼ tasse	d'amandes effilées, grillées	50 mL
½ tasse	de cerises glacées, coupées en deux	125 mL
4	tranches de gâteau quatre-quarts	4
4	carrés de chocolat mi-sucré BAKER'S, hachés	4
2 c. à soupe	de beurre ou de margarine	30 mL
1 c. à soupe	d'eau chaude	15 mL
½	carré de chocolat mi-sucré BAKER'S, fondu	½
	Cerises glacées et amandes (facultatif)	

◆ Recouvrir d'une pellicule de plastique l'intérieur d'un bol d'une capacité de 4 tasses (1 L). Bien y tasser la crème glacée aux fraises, en couvrant le fond et les parois.

◆ Bien mélanger la crème glacée au chocolat, le chocolat en morceaux, les amandes et les cerises. Verser au milieu de la crème glacée aux fraises. Recouvrir des tranches de gâteau, en les taillant si nécessaire. Couvrir d'une pellicule de plastique. Congeler jusqu'à ce que la bombe soit ferme, au moins 4 heures.

◆ Faire fondre 4 carrés de chocolat et le beurre à feu doux. Ajouter graduellement l'eau chaude; laisser tiédir.

◆ Démouler la bombe sur du papier ciré et retirer la pellicule de plastique. L'arroser de chocolat fondu et, avec un couteau, répartir uniformément le chocolat. Arroser avec le demi-carré de chocolat fondu. Conserver couvert au congélateur.

◆ Pour servir, garnir de cerises glacées et d'amandes, si désiré.

Préparation: 1 heure plus la congélation
Donne environ 8 portions.

BAGATELLE AU CHOCOLAT BLANC ET AUX FRAISES

1 paquet (6 portions)	de pouding et garniture pour tarte JELL-O à la vanille	1 paquet (6 portions)	1	carré de chocolat blanc BAKER'S, fondu et refroidi	1
3 tasses	de lait	750 mL			
6	carrés de chocolat blanc BAKER'S, en petits morceaux	6			
1 (500 mL)	contenant de garniture fouettée congelée COOL WHIP, dégelée	1 (500 mL)			
½	gâteau quatre-quarts	½			
¼ tasse	de liqueur d'orange ou de jus d'orange	50 mL			
2½ tasses	de fraises tranchées et sucrées	625 mL			
5	carrés de chocolat blanc BAKER'S, râpés	5			
6 à 8	fraises entières	6 à 8			

◆ Préparer le pouding avec le lait, selon les indications sur l'emballage. Retirer du feu; ajouter 6 carrés de chocolat; remuer jusqu'à ce que le mélange soit lisse. Couvrir d'une pellicule de plastique. Réfrigérer. Incorporer très délicatement 1 tasse (250 mL) de garniture fouettée.

◆ Couper le gâteau en dés, puis l'arroser de liqueur.

◆ Dans un bol en verre profond, superposer la moitié des dés de gâteau, la moitié des fraises sucrées, la moitié du pouding et la moitié du chocolat râpé. Répéter les couches, et terminer par le chocolat.

◆ Garnir du reste de garniture fouettée. Décorer de fraises. Napper de chocolat fondu.

Préparation : 30 minutes plus la réfrigération
Donne 8 portions.

BARRES AU CHOCOLAT ET AUX PACANES

*Voici la recette idéale pour un « échange de biscuits »
ou pour offrir en cadeau!*

Croûte

3 tasses	de farine tout usage	750 mL
½ tasse	de sucre	125 mL
1 tasse	de beurre, ramolli	250 mL

Garniture

6	carrés de chocolat mi-sucré BAKER'S, hachés	6
1½ tasse	de sirop de maïs	375 mL
1½ tasse	de sucre	375 mL
4	œufs, légèrement battus	4
1½ c. à thé	de vanille	7 mL
2¼ tasses	de pacanes hachées	550 mL

Nappage

2	carrés de chocolat mi-sucré BAKER'S	2

Croûte :

◆ Préchauffer le four à 350 °F (180 °C).

◆ Au batteur électrique, mélanger la farine, le sucre et le beurre jusqu'à ce que la consistance soit grumeleuse. Presser fermement et uniformément dans un moule à gâteau roulé de 15 po sur 10 po (40 cm sur 25 cm).

◆ Faire cuire au four 20 minutes.

Garniture :

◆ Dans une casserole, faire chauffer à feu doux le chocolat et le sirop de maïs. Remuer jusqu'à ce que le chocolat soit fondu; retirer du feu. Bien incorporer le sucre, les œufs et la vanille. Incorporer les pacanes.

◆ Verser sur la croûte chaude; étaler uniformément.

◆ Faire cuire au four 30 minutes ou jusqu'à ce que le bord de la garniture soit ferme et le centre, légèrement mou. Laisser refroidir dans le moule placé sur une grille. Couper en barres.

Nappage :

◆ Faire fondre le chocolat à feu doux ou au micro-ondes à intensité MOYENNE, de 2 à 3 minutes. En napper les barres.

Préparation : 10 minutes
Cuisson : 50 minutes
Donne environ 50 barres.

Gâteau au chocolat blanc et aux canneberges

*Le chocolat blanc, l'orange et les canneberges
agrémentent ce quatre-quarts mœlleux.*

Gâteau

1 tasse	de beurre	250 mL
1 tasse	de cassonade tassée	250 mL
½ tasse	de sucre	125 mL
4	œufs	4
3 c. à soupe	de jus d'orange	45 mL
1 c. à soupe	de zeste d'orange	15 mL
2 tasses	de farine tout usage	500 mL
2 c. à thé	de poudre à pâte	10 mL
1½ tasse	de canneberges fraîches ou congelées	375 mL
6	carrés de chocolat blanc BAKER'S, hachés	6

Glaçage

3	carrés de chocolat blanc BAKER'S, hachés	3
2 c. à soupe	de jus d'orange	30 mL
	Copeaux de chocolat blanc	

Gâteau :

◆ Préchauffer le four à 350 °F (180 °C).

◆ Graisser et fariner un moule à cheminée de 9 po (23 cm) de diamètre.

◆ Au batteur électrique, mélanger le beurre, la cassonade et le sucre. Incorporer les œufs, le jus et le zeste d'orange. Sans cesser de battre, ajouter la farine et la poudre à pâte. Incorporer les canneberges et le chocolat.

◆ Faire cuire au four de 60 à 70 minutes ou jusqu'à ce qu'un cure-dents inséré au centre en ressorte propre. Laisser refroidir dans le moule 10 minutes. Démouler sur une grille et laisser refroidir.

Glaçage :

◆ Faire fondre le chocolat blanc et le jus d'orange à feu doux ou au micro-ondes à intensité MOYENNE, pendant 1½ minute. Remuer jusqu'à ce que la consistance soit lisse.

◆ Napper le gâteau de glaçage. Garnir de copeaux de chocolat blanc ou autre.

*Préparation : 20 minutes
Cuisson : 70 minutes
Donne 10 à 12 portions.*

Note : Ce dessert se congèle bien.

TRUFFES AU CHOCOLAT BLANC, À LA NOIX DE COCO ET À LA LIME

Garniture à la noix de coco et à la lime

½ tasse	de crème à 35 %	125 mL
⅓ tasse	de crème de noix de coco en conserve	75 mL
4 c. à thé	de zeste de lime, râpé grossièrement	20 mL
12	carrés de chocolat blanc BAKER'S, coupés en petits morceaux	12
2 c. à soupe	de rhum blanc ou brun	30 mL

Enrobage

10	carrés de chocolat blanc BAKER'S, coupés en petits morceaux	10
2½ tasses	de noix de coco BAKER'S ANGEL FLAKE, grillée	625 mL

Garniture :

◆ À feu moyen, porter à ébullition la crème, la crème de noix de coco et le zeste ; retirer du feu, couvrir et laisser reposer 10 minutes. Passer au tamis et verser dans une autre casserole ; jeter le zeste.

◆ Réchauffer jusqu'à ce que le mélange frémisse. Ajouter le chocolat et le rhum ; remuer jusqu'à ce que le chocolat soit fondu. Verser dans un bol ; couvrir.

◆ Congeler le mélange pendant 1 heure. Battre à la cuillère 1 minute ou jusqu'à ce que le mélange commence à durcir.

◆ Congeler de 2 à 3 heures ou jusqu'à ce que le mélange soit assez ferme pour être façonné à la main.

◆ À l'aide d'une cuillère à thé, façonner le mélange en petites boules ; déposer sur des plaques à biscuits. Congeler de 1 à 2 heures ou jusqu'à ce que les boules soient fermes.

Enrobage :

◆ Faire fondre partiellement 5 carrés de chocolat blanc dans un bol placé sur un récipient d'eau très chaude, non bouillante. Retirer de la source de chaleur et continuer à remuer jusqu'à ce que le chocolat soit bien lisse.

◆ Sortir la moitié des truffes du congélateur. Tremper chaque truffe dans le chocolat, puis la rouler dans la noix de coco grillée. Déposer sur une plaque à biscuits recouverte de papier ciré ; réfrigérer jusqu'à ce que les truffes soient fermes.

Préparation : 60 minutes
Congélation : de 4 à 6 heures
Donne environ 4 douzaines de truffes.

TRUFFES ROYALES AU CHOCOLAT BLANC

La perfection pour les amateurs de chocolat!

¼ tasse	de crème à 35 %	50 mL
6	carrés de chocolat blanc BAKER'S, chacun coupé en 4 morceaux	6
1 c. à soupe	de beurre, ramolli	15 mL
2 c. à soupe	de liqueur d'orange (facultatif)	30 mL
6	carrés de chocolat blanc BAKER'S	6

◆ À feu modéré, porter la crème à ébullition; retirer du feu.

◆ Ajouter le chocolat, le beurre et la liqueur; remuer jusqu'à ce que le chocolat soit fondu.

◆ Congeler le mélange jusqu'à ce qu'il soit assez ferme pour être façonné à la main, de 3 à 4 heures.

◆ À l'aide d'une cuillère à thé, façonner le mélange en petites boules; congeler 20 minutes.

◆ Faire fondre partiellement le reste du chocolat dans un bol placé sur un récipient d'eau très chaude, non bouillante. Retirer de la source de chaleur et continuer à remuer jusqu'à ce que le chocolat soit bien lisse. Tremper chaque boule dans le chocolat. Déposer sur une plaque à biscuits recouverte de papier ciré et réfrigérer jusqu'à ce que les truffes soient fermes.

Préparation: 30 minutes
Congélation: 4 heures
Donne environ 1½ douzaine de truffes.

GLAÇAGES ET SAUCES

 TRÈS Facile

Sauce satinée au chocolat

Accompagne délicieusement bien des desserts!

4	carrés de chocolat mi-sucré BAKER'S, hachés	4
¼ tasse	d'eau	50 mL
¼ tasse	de sucre	50 mL
2 c. à soupe	de liqueur fine (orange, amande ou café) *ou*	30 mL
1 c. à soupe	de vanille	15 mL
2 c. à soupe	de beurre	30 mL

◆ Faire fondre le chocolat dans l'eau, à feu doux; remuer jusqu'à ce que le mélange soit complètement lisse.

◆ Ajouter le sucre. Porter à ébullition à feu modéré et laisser bouillir 2 minutes, en remuant sans cesse. Retirer du feu.

◆ Ajouter la liqueur *ou* la vanille, et le beurre. Conserver au réfrigérateur. Idéale à avoir sous la main pour les recettes de dernière minute.

Préparation: 15 minutes
Donne environ ⅔ tasse (150 mL) de sauce.

Note: Cette sauce peut se réchauffer à feu doux.

SIROP AU CHOCOLAT

4	carrés de chocolat non sucré BAKER'S, hachés	4
1¼ tasse	d'eau chaude	300 mL
1 tasse	de sucre	250 mL
¼ c. à thé	de sel	1 mL
½ c. à thé	de vanille	2 mL

◆ Faire fondre le chocolat dans l'eau, à feu doux; remuer jusqu'à ce le mélange soit lisse.

◆ Ajouter le sucre et le sel; porter à ébullition et laisser bouillir 2 minutes, en remuant sans cesse.

◆ Retirer du feu; ajouter la vanille. Laisser refroidir.

◆ Verser dans un pot; couvrir hermétiquement. Garder au réfrigérateur. Servir avec les crêpes, les gaufres ou la crème glacée.

Préparation: 15 minutes
Donne 2 tasses (500 mL).

GLAÇAGE AU BEURRE ET AU CHOCOLAT BLANC

6	carrés de chocolat blanc BAKER'S	6
¼ tasse	crème à 35 %	50 mL
1 tasse	beurre froid, coupé en morceaux	250 mL
1 tasse	sucre à glacer, tamisé	250 mL

◆ Verser la crème dans une casserole. Y faire fondre le chocolat à feu très doux ou au micro-ondes à intensité MOYENNE, 2 minutes, en remuant jusqu'à ce que le mélange soit lisse. Verser dans un grand bol et laisser refroidir à température ambiante.

◆ En battant, incorporer graduellement le beurre et le sucre à glacer. Battre jusqu'à ce que le glaçage soit léger et mousseux.

Préparation: 15 minutes
Donne environ 3 tasses (750 mL).

GLAÇAGE FACILE AU CHOCOLAT

3	carrés de chocolat non sucré BAKER'S, hachés	3
3 c. à soupe	de beurre	45 mL
3 tasses	de sucre à glacer	750 mL
⅛ c. à thé	de sel	0,5 mL
6 c. à soupe	de lait	90 mL
½ c. à thé	de vanille	2 mL

◆ Faire fondre le chocolat et le beurre à feu doux, en remuant sans cesse.

◆ Dans un bol, mélanger le sucre, le sel, le lait et la vanille. Bien incorporer le chocolat fondu.

◆ Laisser reposer, en remuant sans cesse, jusqu'à ce que le mélange soit facile à étaler. En refroidissant, le glaçage épaissira.

Préparation : 10 minutes
Donne 1½ tasse (375 mL).

Note : Ajouter 1 c. à soupe (15 mL) de lait si le glaçage est trop épais.

GLAÇAGE MOKA AU BEURRE

2	carrés de chocolat non sucré BAKER'S, hachés	2
2 c. à soupe	de beurre	30 mL
¼ tasse	de café chaud	50 mL
⅛ c. à thé	de sel	0,5 mL
2 tasses	de sucre à glacer	500 mL
1 c. à thé	de vanille	5 mL

◆ Faire fondre le chocolat et le beurre dans un bol placé sur un récipient d'eau très chaude ; incorporer le café et le sel.

◆ Ajouter graduellement le sucre à glacer, puis la vanille et battre jusqu'à ce que le mélange soit lisse.

Préparation : 10 minutes
Donne environ 1½ tasse (375 mL).

SAUCE CROQUANTE AU CHOCOLAT

Une sauce onctueuse qui fige au contact de la crème glacée.

2 c. à soupe	de beurre	30 mL	◆ Faire fondre le beurre à feu doux.
½ tasse	de pacanes hachées	125 mL	◆ Ajouter les pacanes ; faire chauffer en remuant sans cesse, jusqu'à ce que le mélange soit légèrement doré.
4	carrés de chocolat mi-sucré BAKER'S, hachés	4	
	Crème glacée		◆ Retirer du feu ; ajouter le chocolat et remuer jusqu'à ce qu'il soit fondu et que la sauce soit bien lisse.

◆ Servir chaud sur la crème glacée.

Préparation : 5 minutes
Donne 4 portions.

GLAÇAGE AU FROMAGE À LA CRÈME ET AU CHOCOLAT

6	carrés de chocolat mi-sucré BAKER'S, hachés	6
3 c. à soupe	d'eau	45 mL
1 paquet (250 g)	de fromage à la crème de MARQUE PHILADELPHIA, ramolli	1 paquet (250 g)
1 c. à thé	de vanille	5 mL
2½ tasses	de sucre à glacer, tamisé	625 mL

◆ Dans un grand bol, faire chauffer le chocolat dans l'eau au micro-ondes à intensité MOYENNE, de 2 à 4 minutes ou à feu doux, en remuant jusqu'à ce que le chocolat soit bien lisse. Laisser tiédir.

◆ En battant, bien incorporer le fromage à la crème et la vanille. Incorporer graduellement le sucre à glacer jusqu'à ce que le mélange soit lisse.

Préparation : 15 minutes
Donne environ 2½ tasses (625 mL).
Permet de glacer 1 gâteau de 13 po sur 9 po (33 cm sur 23 cm) ou 1 gâteau à deux étages de 9 po (23 cm) de diamètre.

GLAÇAGE AU FROMAGE À LA CRÈME ET AU CHOCOLAT BLANC

1 paquet (250 g)	de fromage à la crème de MARQUE PHILADELPHIA, ramolli	1 paquet (250 g)
6	carrés de chocolat blanc BAKER'S, fondus et refroidis	6
½ tasse	de beurre, ramolli	125 mL
1 c. à soupe	de lait*	15 mL

* remplacer par 1 c. à soupe (15 mL) de liqueur fine ou de rhum, si désiré

◆ Battre le fromage à la crème jusqu'à ce qu'il soit léger. Ajouter graduellement le chocolat, le beurre et le lait en battant jusqu'à ce que le mélange soit lisse.

Préparation : 15 minutes
Donne 2 tasses (500 mL).

Note : Assurez-vous que le chocolat soit entièrement refroidi avant de l'ajouter au fromage à la crème.

]NDEX